生 / 态 / 安 / 全 / 与 / 社 / 会 / 治 / 理 / 丛 / 书

张银花　李金华　主编

基层公共治理实践与创新

JICENG GONGGONG ZHILI SHIJIAN YU CHUANGXIN

张建新　乌云高娃　于翠英 等　著

中国农业出版社
农村设物出版社
北　京

生态安全与社会治理丛书

SHENGTAI ANQUAN YU SHEHUI ZHILI CONGSHU

编　委　会

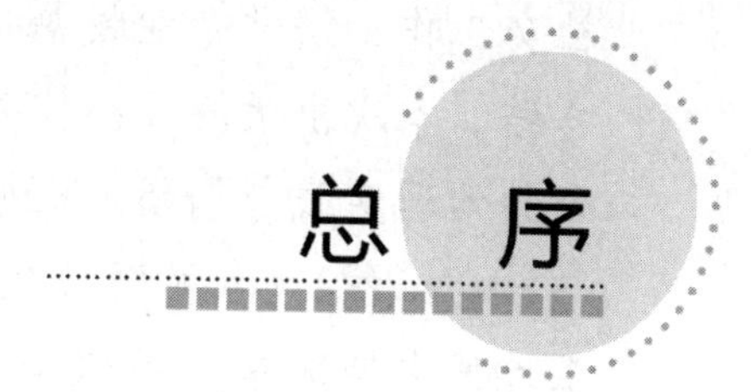

总序

2022年，值此内蒙古农业大学建校70周年校庆之际，人文社会科学学院组织编纂“生态安全与社会治理丛书”，旨在更好地反映办学成果，总结发展经验，传承文化精神，向母校70华诞献礼。

七十载栉风沐雨，七十载春华秋实。内蒙古农业大学作为一所以农林为主，以草原畜牧业为重点办学特色，具有农、工、理、经、管、文、法、艺等8个学科门类的多科性大学，认真贯彻落实习近平总书记讲话精神，高度重视与生态环境保护、资源可持续利用、社会治理相关的学科专业建设，草学、水土保持与荒漠化防治等学科专业在全国范围内都具有一定的影响力，公共管理、社会工作、法学等学科专业的教师，也开展了一系列有关自治区生态文明建设、农村牧区社会治理方面的调查研究与决策咨询，产生了良好的社会效益。2021年，在自治区党委宣传部和教育厅的大力支持下，哲学社会科学重点研究基地“筑牢祖国北疆生态安全屏障研究基地”“内蒙古牧区治理现代化研究中心”依托内蒙古农业大学人文社会科学学院建设，为更好地服务自治区生态治理、社会治理提供了新机遇。

党的二十大报告将推动绿色发展、建设美丽中国，完善社会治理体系、健全社会治理制度作为全面建设社会主义现代化国家的内在要求，强调指出要“推动绿色发展，促进人与自然和谐共生”“健全共建共治共享的社会治理制度，提升社会治理效能”。“生态安全与社会治理丛书”从高校基层党建、公共管理学科建设和行政管理、社会工作、法学专业发展等五个方面对学院的各项工作做了全面的总结。本次出版的《高校基层党建理论创新与典型案例分析》《基层公共治理实践与创新》《边疆地区基层社会治理研究》《生态、治理与社会工作》《乡村振兴视域下农村法治建设研究》五册书作为两个基地的中期成果，不仅有助于为“两个屏障”建设提供智力支持，而且也将对学院教育教学、人才培养、科学研究起到助推作用。在此，衷心感谢各位编委、作者、读者多年来对学院发展的关心和支持！

是为序。

内蒙古农业大学人文社会科学学院　张银花　李金华

2022年10月28日

目 录

DI-YI PIAN 第一篇

内蒙古生态文明建设

NEIMENGGU SHENGTAI
WENMING JIANSHE

内蒙古生态文明建设的路径选择

张建新

内蒙古是祖国的“北疆生态屏障”、重要能源资源基地，其生态文明建设不仅对自身发展具有重大而深远的影响，对维护全国的生态安全也具有十分重要的意义。我们应按照党的十八大提出的生态文明建设的要求，大力发展循环经济，基本形成节约能源、资源和保护生态环境的产业结构、增长方式、消费模式，使生态环境质量明显改善、生态文明观念在全社会牢固树立，建立起与国民经济可持续发展相适应的良性生态系统，为内蒙古及全国的经济和社会发展提供良好的生态保障。

一、生态环境持续恶化的诱因：人类生态行为失范与政策的负面影响

内蒙古草原是欧亚大陆草原的一部分，属典型的温带大陆性气候，冬季寒冷而漫长，夏季酷热而短暂，再加上蒙古高原特有的干旱、寒冷的气候特征，并常有暴风雪、沙尘暴发生，生态环境严酷。长期以来，由于种种原因，内蒙古地区的生态环境持续恶化，主要表现在以下几个方面：一是森林面积锐减。同20世纪90年代初相比，内蒙古现时的森林覆盖率明显下降。森林是陆地生态系统的主体，森林植被一旦被破坏，就会加剧水土流头，造成洪涝和沙尘暴等灾害。二是土地沙化面积不断扩大。内蒙古荒漠化土地面积占全国的1/3左右，生态屏障区的土地荒漠化现象十分严重，并呈现出由东向西逐渐加剧的态势。三是江河源头湖泊干涸，水土流失严重。以晋陕蒙交界地区为主的低山丘陵区水土流失严重，每年向黄河输入泥沙两亿吨，成为国际重点水土流失区。四是牧区草场退化速度加快。全区草场退化面积已占可利用草场面积的60%以上。五是河套灌区、西辽河灌区的部分地区土壤盐渍化比较严重。

（一）自然因素

其一，土壤基质的不稳定性和贫瘠性。内蒙古处在北方干旱、半干旱草原带，五大沙地、五大沙漠，风蚀劣地的广泛分布，决定了自治区土壤普遍含沙

性较大，土壤结构疏松易受风蚀和水蚀破坏；同时由于风蚀和水蚀的作用，土壤不仅沙性大且有机质含量低；生物生产力水平和生物多样性低下，尤其在干旱年份，降水条件远远低于旱作农业和畜牧业的需水下线，导致农牧业生产力低而不稳，草场大面积退化，农田被迫弃耕或休耕，在风力作用下退化的草场和裸露的弃耕地迅速遭到风蚀，进而导致土地沙化。其二，气候因素的时空异质性与多变性。气候特别是降水年际变化强烈，降水时空分配不均，有效降水少且多暴雨，干燥多风，这些作用于疏松的土地上，易发生干旱和风蚀、水蚀，进而导致陆地生态系统的恶化。其三，植被类型的非均质性与植被动态的波动性。自然生态系统的恢复需要一个漫长的过程，经过植物物种的不断演替，最终才能形成稳定的物种群落。人工生态系统物种单一，向自然生态系统演替更为困难。内蒙古植被类型单一、景观单调、缺少生态屏障，易受外界因素的干扰，波动性大，很难形成稳定的生态系统。其四，地貌景观的多元性与镶嵌性。内蒙古地貌结构独特，有戈壁、沙漠、沙地、草地、丘陵山地、黄土高原、盐碱地，这些地貌单元本身形成镶嵌的斑块结构，又与村落、城镇、农田、林地等形成镶嵌的斑块结构，地貌景观破碎，决定了生态环境恶化危险依然存在。

（二）人类生态行为失范

内蒙古地区的生态环境持续恶化与人类生态行为失范有密切的关系，而人类生态行为失范的重要原因之一则是受传统发展观（或价值观）的支配。传统发展观认为，人类物质财富增长所依赖的资源在数量上是无穷无尽的，自然环境对人类废弃物的净化能力是无限的，自然环境只是人类消费的对象。传统发展观把经济发展等同于经济的增长，把国内生产总值（GDP）作为衡量一个国家综合实力和发展水平的唯一标准。近代以来一个很长的历史时期内，人类社会在这种传统发展观的支配下创造出了空前的物质文明，实现了社会繁荣。在我国，随着市场经济的发展，生活在草原上的牧民的思想观念也发生了很大变化，牧区的经济发展呈现出繁荣的景象，牧民的货币收入也有所增长。然而，在市场经济利益最大化的刺激之下，人类的欲望极大地膨胀，对自然的过度掠取直接导致草场沙化、退化，自然灾害频发，水土流失加剧，贫困人口和生态难民增加等一系列问题。如今，我们构建社会主义和谐社会，必须转变经济发展观念，高度重视生态文明，抛弃传统发展模式，转而采取可持续的发展模式。

（三）政策的负面影响

政策的负面影响是内蒙古地区生态环境持续恶化的制度诱因。政府是区域经济发展的主导力量，为保证经济活动的正常运转，有效的经济政策必不可少，但由于一些政策本身存在缺陷，在促进经济发展的过程中也产生了负面效应。我国历来重视粮食生产，20 世纪六七十年代我国片面强调“以粮为纲”，以牺牲林业、牧业为代价发展粮食生产。内蒙古自治区在这一时期也出现了大规模开垦草场、毁林营田等破坏天然植被的活动。随后的粮食分省自给政策对草原生态环境的恶化及林地的破坏也起到了推波助澜的作用，破坏了粮食作物同其他经济作物相互依赖、相互促进的生态系统，为后来的草场退化、林地生态防护效益减弱、荒漠化现象产生和沙尘暴发生埋下了隐患。

二、生态文明建设的路径：在科学发展观的指导下，努力实现社会经济效益和生态效益的双赢

近年来，在全区各族人民的共同努力下，随着一些特殊生态功能区、严重生态退化区强制性保护政策的实施，内蒙古地区部分突出的环境问题初步得到解决，局部地区的生态环境质量有了明显改善。但是，由于全区性生态环境恶化的趋势没有得到根本遏制，草原退化、沙化，资源开发区植被破坏与水土流失问题仍然比较严重，煤烟型污染、扬尘污染仍然对大气质量构成较大影响，全区各主要河流、湖泊、水库的有机物污染仍然很严重。内蒙古地区生态环境形势依然严峻，环保工作任重道远。当前，加强内蒙古地区生态文明建设，笔者认为应当从以下几个方面着手：

（一）保障经济可持续发展，强化生态系统建设与修复，最终实现社会经济效益和生态效益双赢

生态文明是人类一切文明实现的基础，它要求人类在开发利用自然谋求自身发展的过程中兼顾与协调社会效益、经济效益和环境效益，实现人与自然的和谐共生。内蒙古要按照党的十八大提出的建设生态文明的要求，发挥一切积极因素，突出抓好农、牧、林、水重点生态建设与保护工程，全面推进生态建设与保护工作，建立起与国民经济可持续发展相适应的良性生态系统，为内蒙古及全国的经济和社会发展提供良好的生态保障。

具体而言，要科学规划重点治理区域，即黄河中上游水土流失和风沙盐碱治理区、京津周边内蒙古风沙治理区、大兴安岭天然林资源保护区、呼伦贝尔和锡林郭勒草原保护治理区、阿拉善生态自然封育治理区。将工作重点放在全力实施草原生态建设与保护工程、天然林资源保护工程、退耕还林还草工程、生态建设重点县工程、防沙治沙工程、“三北”防护林工程、绿色通道工程和水土保持工程上。同时，还要把生态建设与农牧业结构调整、增加农

牧民收入、扶贫开发、生态移民等紧密结合起来，促进生态和经济、社会协调发展。

（二）加快经济增长方式的转变，最终实现内蒙古自治区经济社会可持续发展

首先，要优化经济结构。经济结构畸形、产业和产品结构不合理是内蒙古自治区经济效益低下的重要症结所在，也是经济增长方式转变的主要障碍。从产业结构来看，内蒙古三大产业结构不合理，第三产业在国民经济中所占比重小，因此，要调整经济结构大力发展第三产业，大力发展以农副产品为原料的轻加工业和高附加值的消费品工业。其次，要更大程度地发挥市场在资源配置中的基础性作用。市场能够激励对资源的有效利用，应进一步完善内蒙古自治区市场经济体制，形成有利于市场公平竞争和资源优化配置的经济运行机制，提高资源利用的质量和效益。

（三）抓好生态建设各项政策措施的落实，动员全社会积极参与生态保护与建设

要加大财政支持力度，适当增加财政补贴额度，以加快内蒙古地区经济的发展；优先安排一些资源开发和基础设施建设项目，加大对内蒙古地区主导产业的政策支持力度和政府投资力度；继续制定和实行积极扶持内蒙古地区开发开放的优惠政策，吸引国内外投资者到内蒙古地区投资发展循环经济，鼓励经济发达地区为内蒙古地区提供对口支援；建立健全资源有偿使用制度和生态环境补偿制度；完善节约资源、保护环境指标考核体系与领导政绩综合考核体系；倡导公众参与环保，建立环保公益诉讼制度；建立健全生态效益监测和风险评估体系。在落实国家现有政策、法律法规的基础上，根据内蒙古地区的实际情况，制定和出台可操作性强的生态文明建设管理实施细则，用宏观调控手段调动人们建设生态文明的积极性，充分发挥环境和资源立法在生态保护和建设中的作用。

（四）加强生态文明教育，树立生态道德意识

继承森林文化、草原文化、湿地文化、生态旅游文化、绿色消费文化等生态文化，大力弘扬人与自然和谐相处的价值观，在全社会牢固树立生态文明观，形成尊重自然、热爱自然、善待自然的良好氛围。生态文明的实现是建立在生态伦理道德基础上的，而伦理道德形成的主要渠道是教育，要在全社会范围内建立完善的生态教育机制。此外，要运用新闻媒体宣传生态文明建设、普及生态文明知识，将生态文明的理念渗透到生产、生活各个层面，增强全民生

态忧患意识、参与意识和责任意识，树立全民生态文明观、道德观、价值观，形成人与自然和谐相处的生产、生活方式。

（五）充分发挥科技在生态建设中的主导作用，提高生态建设中的科技含量

应充分利用已有的科技优势，提高生态环境保护与建设的效益；围绕生态环境保护与建设的实际需要，培养循环经济专业人才，组织教学、科研、生产单位联合攻关，解决生态文明建设中的难题；采取多种优惠措施，引进高素质人才；建立健全科技服务体系，加强科技成果的转化和应用，促进生态效益、经济效益、社会效益相统一，不断提高生态环境保护与建设的科学技术水平。

（六）探索符合当地实际的生态建设与保护模式

总结生态环境建设和保护的成功经验加以推广，探索符合当地实际的生态建设模式和生态保护模式，如亿利资源集团的“企业牵头，农民参与，技术支撑”的生态产业化建设模式、东达蒙古王集团的企业直接投资的生态建设模式、锡林郭勒盟“围封转移”模式。这些模式将生态建设保护与发展地方经济、改善群众生产和生活条件、提高农牧民收入有机结合起来，较好地解决了由于经济效益低下而导致的生态建设成果难以巩固的问题，使生态环境大为改善，走出了一条生态恢复、生产发展、生活改善的可持续发展道路。

总之，当下人类已步入生态文明时代，人类文明应当与自然环境协调发展，没有生态文明，对于人类来说一切文明就没有了享受的前提。因此，我们对生态环境问题的重要性、严峻性要有清醒的认识，要从建设生态文明的高度，认真贯彻落实科学发展观，努力实现社会经济效益和生态效益的双赢。

参 考 文 献

2004. 中国生态报道：可持续发展与文明转型［N］. 人民日报海外版，01-20.

包玉山，2002. 内蒙古草原畜牧业面临的问题及对策研究［J］. 内蒙古师范大学学报（1）.

包玉山，2003. 内蒙古草原畜牧业的历史与未来［M］. 呼和浩特：内蒙古教育出版社.

宝力高，2006. 论蒙古族传统生态文化［J］. 内蒙古师范大学学报（1）.

恩和，2003. 草原荒漠化的历史反思：发展的文化维度［J］. 内蒙古大学学报（2）.

黄剑，英萨如拉，朱锦峰，1999. 中国少数民族发展战略［M］. 北京：中央民族大学出

版社.
唐志军，2007. 民族地区构建和谐社会路经研究［M］. 北京：民族出版社.
王春寿，2005. 循环经济与生态产业发展中的生态政治问题研究［J］. 自然辩证法研究（4）.
杨安华，唐云峰，2006. 我国民族地区的危机：形态、特征及诱因［J］. 河北民族学院学报（哲学社会科学版）（5）.
杨力发，2005. 西部大开发与民族问题［M］. 北京：人民出版社.

资源型城市生态承载力基本问题探究

于翠英　朝克图

资源型城市指主要功能是向社会提供不可再生资源或耗竭型资源及其初加工品等资源型产品的一类城市①，可谓具有城市与基地双重角色：既具备一般城市的共性，或是该区域的行政中心、经济中心、科技中心、交通中心和信息中心等，又有其个性，即存在一种或几种资源与产品优势，主导产业在城市经济中的比重较高且主导产业在国民经济中的骨干作用与战略地位凸显，使资源型城市又具备了重要的工业基地特质。而在经济的加速发展中对资源环境的过度开发，使资源型城市陷入空前的生态承载力持续下降、衰退的危机中。1921 年，帕克和伯吉斯在《人类生态学》杂志中提出了承载力的概念，即"某一特定环境条件下（主要指生存空间、营养物质、阳光等生态因子的组合）某种个体存在数量的最高极限"②。而对于资源型城市来说，生态承载力属城市软实力范畴，是"在确保资源的合理开发利用和生态环境良性循环发展的条件下，可持续承载人口数量、经济强度及社会总量的能力"③。

一、资源型城市生态承载力分析框架

生态承载力可谓是一种多维度组合系统，可将其分为支持层和压力层。支持层包括生态系统的自我维持与自我调节能力以及资源与环境子系统的供容能力。压力层指资源型城市社会经济活动对支持层的胁迫，包括资源浪费、环境污染、生态破坏等。支持层又可分为两层，下层为生态系统的自我维持与自我调节能力，称为生态系统弹性力，上层分别为资源子系统与环境子系统的供容

① 路卓铭，于蕾，沈桂龙．我国资源型城市经济转型的理论时机选择与现实操作模式［J］．财经理论与实践，2007（5）：102－108.

② 郭秀锐，毛显强，冉圣宏．国内环境承载力研究进展［J］．中国人口·资源与环境，2000（3）：29－31.

③ 黄青，任志远．论生态承载力与生态安全［J］．干旱区资源与环境，2004（2）：11－17.

能力，可分别称为资源承载力与环境承载力①。在资源型城市生态承载力层次体系中，资源承载力是生态承载力的基础条件，环境承载力是生态承载力的约束条件，生态系统弹性力是资源型城市生态系统的支持条件，三者相互衔接、相互作用，体系化特性较为明显。

（一）资源型城市资源环境承载力

资源型城市转型发展首先应以该区域资源环境承载力为出发点和落脚点，而绝不能盲目追求经济效益最大化。资源承载力是资源型城市转型发展的基础条件，是指一定时间、特定区域范围内，在不超出生态系统弹性限度条件下的各种自然资源的供给与维持能力。资源型城市资源承载力主要关注的是各种自然资源量所能支持的经济发展规模、可持续供养的具有一定生活质量的人口数量以及具有一定发展水平的工业企业数量。一般可将水资源、土地资源、矿产资源、旅游资源作为资源型城市资源承载力的考量因素。环境承载力是资源型城市转型发展的约束条件。环境承载力，意指环境对污染物的容纳值，即环境容量。广义的环境承载力是一定时期、特定环境状态下，某一区域环境对人类社会经济活动支持能力的阈值。根据环境承载力的概念和意义，在资源型城市转型发展过程中，应充分考虑到生态系统的整体效应，不能把资源和生态系统割裂开来，避免为了追求资源方面最大获利而降低整个生态系统的资源承载力。一般可将大气环境、水环境、土壤环境作为资源型城市环境承载力的考量因素。

（二）资源型城市生态系统弹性力

生态系统弹性力是资源型城市成功转型的支持条件，它是生态环境对资源型城市社会经济系统支持能量的量化指标。生态系统弹性力，意指资源型城市社会经济系统对生态环境造成的压力超过该区域资源环境承载力时，生态环境内部各分子间的互补作用使得生态环境在一定的时间段内基本恢复到初始状态的能力。生态系统弹性力是生态环境中固有的一种内存性因子，其只有在生态环境承受超过自身容量的外来压力时才显现出来。生态系统弹性力可谓是资源型城市转型发展的重要指标，也是其可持续发展的生态支持系统。生态环境的受外压能力、自我恢复能力以及自我发展途径丰富度等均是资源型城市生态系统弹性力的考量因素。

我国的资源型城市大体上可以分为两种类型：以采掘业为主的职能类型和

① 高吉喜．可持续发展理论探讨：生态承载力理论、方法与应用［M］．北京：中国环境科学出版社，2001.

以制造业为主的职能类型。煤炭型、石油型、森林型城市以直接输出资源初级产品为主，大多数城市都具有比较突出的采掘业职能；金属型城市的主导资源由于产地加工程度比较高，所以大多数城市都表现出比较突出的制造业职能。无论是在生态环境的受压能力、自我恢复能力、调节能力方面，还是在转型发展的出路等方面，资源型城市均面临着严峻的挑战，其转型之路注定并不平坦和顺利。

（三）资源型城市生态承载压力度

生态承载压力度为目标层，设立目标层的主要目的是反映生态统的客观承载能力大小和承载对象的压力之间的关系。准则层是工业企业压力度和社区人口压力度，重点考核城市、企业及人口的水资源和土地资源的压力度①。具体指标构成如下：第一，水资源压力度：包括工业用水重复利用率、工业耗水率、生产过程中跑（漏）水比例、生活用水定额、生活耗水率；第二，土地资源压力度，即土地资源集约度；第三，水环境压力度：包括污水处理厂出水水质、污水厂直排量；第四，大气环境压力度：包括废气排放量、废气排放达标程度、废气处理率；第五，土壤环境压力度：包括工业垃圾污染程度、生活垃圾污染程度。

二、资源型城市生态承载力实证分析

（一）资源型城市资源环境承载力放大效应及其规律

在资源环境承载力指标控制下，城市群体的发展要素，如人口规模、企业规模及产业规模等要与自然资源总量及生态环境容量成正比，否则，生态灾难及资源危机在所难免。资源型城市依托自身的资源环境优势，无限放大资源环境容量与承纳度，迅速而大量地集中资源型市场要素，盲目发展、过度开发，可能使资源型城市过早陷入经济衰退和资源枯竭的泥潭。以大庆为例，大庆油田探明石油储量约占全国的47.4%，居全国第一位，也是世界特大油田之一，天然气储量居全国第8位，已连续24年稳产在5 000万吨以上。2003年石油年产量占全国50%的大庆油田，可采储量只剩下30%，仅为7.45亿吨，到2020年年产量只能维持在2 000万吨左右，开采成本也将在已经很高的基础上大大提高。2009年，大庆油田原油产量为4 000万吨，并且综合含水率已达90%以上，换句话说，从地下采出的每吨油水气混合物中，原油只有不到

---

① 赵一平，朱庆华，武春友．工业园可持续发展定量研究——生态承载力方法应用［J］．大连理工大学学报：社会科学版，2005（2）：23-27.

10%。伊春市号称“祖国林都”，位于小兴安岭腹地，是我国最大的专业化林业资源型城市，森林面积395.4万公顷，然而16个林业局已有12个无木可采，其余4个也处于严重过度采伐之中，活立木总储积量由开发初期的4.28亿立方米减到2.47亿立方米，每公顷蓄积量由167立方米减少到87立方米，可采的成熟森林只剩下1.7%，可采木材不足500万立方米①。值得注意的是，资源型产业处于整个产业链的上端，产品附加值和资本利润率都偏低。故此，资源型城市资本大量外流在所难免，这必然导致资源型城市的资源承载力持续恶化和下降。自然资源的逐步耗竭使地区生产成本呈上升趋势，这又会加剧资源型城市环境承载力的弱化。资源环境承载力的持续下降，将使资源型城市在区域战略中所处的地位降低，市场创新能力不断减弱，从而在市场发展进程中只能进行初级资源产品的开发与加工，最终形成城市对自然资源的强烈依赖，造成产业结构不断低端化并进入恶性循环。

（二）资源型城市生态系统生命周期及其弹性力分析

由于资源型城市经济发展的主导和支柱产业是资源型产业，城市的兴衰受到资源型产业的牵制，资源型产业发展越快，对城市经济的贡献就越大，城市发展也越快，反之则反。由于资源型产业有开发期→达产期→成熟期→衰退期的演进规律，单纯以资源型产业为主导产业的城市经济也会沿着相似的轨迹发展，呈出波动性的城市经济生命周期轨迹，即兴起期→繁荣期→衰退期（城市经济尚未转型）或新生期（城市经济成功转型）②。由于对资源环境的持续开发利用以及人为的生态破坏使生态环境未能得到及时的休养生息，资源型城市生态系统弹性力极其脆弱，并不能起到资源预警及生态侵害隔离的效果。资源型城市对资源环境的依存度高，生态自我恢复能力薄弱，自我拓展途径单一，故其自身生态系统的生命周期波动性强，持续生存力较差，产生惯性生态悲剧在所难免。根据中国矿业协会的统计，我国已经形成了390多座以采矿为主的资源型城市，其中20%处于成长期，68%处于成熟期，12%处于衰落期。全国约有400多座矿山已经或者将要闭坑，约有50多座矿城资源处于衰减状态，面临着严重的资源枯竭的威胁③。苏联巴库油田的开发始于19世纪下半叶，其累计原始探明储量为15亿吨；20世纪初，成为外高加索地区最为重要的经济中心和全苏的石油基地。1940年，巴库油田的产量占全苏的71.5%。但是，

---

① 王胜今，李雨潼．东北地区资源型城市发展的问题及对策研究［J］．吉林大学社会科学学报，2005（4）：97－102.

② 于志明，孙宋芝．资源型产业城市发展规律初探［J］．经济问题探索，2006（3）：65－66.

③ 余际从，李凤．国外矿产资源型城市转型过程中可供借鉴的做法经验和教训［J］．中国矿业，2004（2）：17－20.

巴库在鼎盛时期仅仅建立了石油加工业，而不依赖石油资源的多元化产业并没有发展起来。20 世纪 50 年代以后，随着持续的开采，巴库石油储量日益枯竭，产量迅速下降。随着石油开采业的不断萎缩，完全依赖石油资源的石油加工业也开始衰退，城市的发展弹性力大大减弱。只是由于过去积累形成的包括炼油基础和百万人口都市区在内的庞大经济基础，方便的水路运输和身为阿塞拜疆共和国首府的政治地位，才保持住了其占全苏 10%左右的原油加工能力和仅次于乌法和古比雪夫的全苏第三大炼油中心地位。巴库市处于“维持缓慢增长”的停滞状态①，其失败经验及惨痛教训值得总结和思考。

（三）资源型城市资源环境开发的负效应及其承载压力度

资源环境开发的负效应，即资源枯竭及环境被破坏的外溢结果，也是资源环境承载对象对资源环境承载能力造成过度压力的必然结果。对资源的过度开发利用会引起一系列的资源环境承压过度的问题，而工矿业的发展和对森林的砍伐会破坏城市的自然景观，对空气、水资源、各类自然生物及人类本身的生产和生活都造成了严重的负面效应。资源型城市生产的商品相当一部分为高能耗、高污染、资源密集型商品，在直接或间接输出大量能源资源的同时也付出了巨大的环境代价。据 2007 年英国廷德尔气候变化研究中心的研究，中国 2004 年净出口产品排放的二氧化碳约为 11 亿吨，约占中国总排放量的 23%。有关机构估计，2004 年中国国内出口商品生产蕴含的与能源有关的二氧化碳排放量为 16 亿吨，占中国排放总量的 34%②。据统计，全国每年因采矿损毁土地累计达 40 万公顷，因采空或超采引起地面沉降、塌陷、滑坡、裂缝及泥石流等地质灾害千余处；全国每年工业固体废弃物排放量中 85%以上来自矿山开采，现有固体废矿渣积存量高达 60 亿～70 亿吨，其中仅煤矸石就超过 34 亿吨，形成煤矸石山 1 500 余座，占地 5 000 公顷；矿山生产过程中排放大量废水和废气，仅煤矿排放的废水每年即达 26 亿吨，废气达 1 700 亿立方米，对环境造成严重污染③。可见，资源环境开发的负效应必然会降低生态系统的承载力，使得资源型城市极易陷入发展越快、收益越小的恶性循环当中。

三、资源型城市生态承载力推进模式

（一）资源型城市资源环境的减量、循环利用及其方法论

可以说，资源型城市的传统发展模式实际上是一些相互不发生关系的线性

① 宋冬林，汤吉军．沉淀成本与资源型城市转型分析［J］．中国工业经济，2004（6）：58－64.

② 金乐琴，刘瑞．低碳经济与中国经济发展模式转型［J］．经济问题探索，2009（4）：84－87.

③ 于志明，孙宋芝．资源型产业城市发展规律初探［J］．经济问题探索，2006（3）：65－66.

资源流的叠加，由此造成出入系统的物质流远远大于内部的资源容量极限与环境承载力，造成经济活动的高开采、低利用、高排放特征；在资源环境承载力的限制下系统内部则要以互联的方式进行物质交换，以最大限度地利用进入系统的物质和能量，从而形成低开采、高利用、低排放的效果。正因为如此，城市资源环境的减量化、循环利用成为必然趋势。减量应是对城市资源环境的循环开发与利用的量化结果，也是增强资源型城市生态承载力的内动力。资源型城市应根据产业链关联程度，合理规划、开发建设综合服务区、拆解加工区、精深加工区、污染处理区、仓储物流区、科技研发区、生活服务区、居住社区等 8 大产业功能区，实现产业链条转化过程中再生资源的“零损耗”以及在整个产业循环过程中再生资源在区内的“自消化”。废旧物资将在产业区内得到充分循环，实现资源利用最大化，最终以高附加值产品形式通过区内交易中心走向市场，进入整个社会的大循环系统之中。号称“煤都”的榆林推行煤向电力转化、煤向载能工业转化、煤向油品转化，产生了积极效果，值得借鉴。府谷县恒源煤焦电化公司实施的年产 30 万吨冶金型焦及其配套发电和水泥、甲醇、焦油深加工产业链循环项目，完全实现了“三废”零排放，其中废气、煤气净化后用于煤焦油深加工和甲醇生产，热电厂的粉煤灰通过凝石水泥车间变成了高质量的水泥，将上游废料变为下游原料，每年节约原煤 18 万吨以上，降低电耗逾 4 000 万千瓦时，减排废水 44 万立方米。榆林初步形成了原煤—发电—粉煤灰—建材工业、原煤—兰炭—焦油—化工—煤气和焦粉回收利用、原煤—甲醇—下游产品—建材—食用级二氧化碳、盐—烧碱—聚氯乙烯等多个循环经济链条①。应当说，资源型城市的减量化、循环利用战略可从自身实际出发，分步骤、举重点、科学化、生态化地进行。

（二）资源型城市生态系统的生命周期评估及其运作机理

资源型城市的生态系统是一个内生性的物流系统，有其自身发展、演进及消化的生命周期规律。要理性认知并成功延续资源型城市生态系统的生命周期，发展适合自身特质的新型清洁能源产业就成为必然趋势。根据可持续、能循环、再利用的科学发展理念，资源型城市可从以下几方面积极推进产业的生态化转型与改造，提高城市生态承载力，促进城市生态系统的生命周期的合理更替：其一，着力建设节能环保燃煤电厂。要大力发展大容量、高参数火电机组和热电联产机组。要加强在运电厂节能环保技术改造，要进一步加大脱硫改造力度，同时积极推广应用脱硝、脱氮、二氧化碳捕捉封存技术，推广合同能

① 张锦国．榆林循环经济把煤“吃干榨尽”［EB/OL］．（2012 - 10 - 13）．news. china. com. cn/live/2012 - 10/13/content_16614082. htm.

源管理模式，集中利用综合节能技术，大幅提高发电系统运行效率。要大力发展新型清洁煤发电技术，加强能源行业的战略合作，推进整体煤气化联合循环电站（IGCC）、大容量循环流化床电站（CFBC）等示范项目建设，掌握核心技术，加快推广应用进程。其二，着力建设大型低碳化煤炭综合利用基地。要优化发展煤炭资源，在加大煤炭开发力度、提高电煤保障能力的同时，积极推动矿区资源与环境的协调开发，依靠技术进步，提高煤炭回采率，有效节约水资源，推动褐煤提质加工技术研究，在煤炭开采、洗选、加工和运输过程中，不断降低能耗，减少污染。其三，着力发展以新能源为核心的高新技术产业。要实现新能源技术的不断突破，优先发展先进适用技术，在风电的叶片、轴承、控制系统、单机规模提高，太阳能的多晶硅制备提纯、薄膜电池，核电的大锻件、主泵、控制系统和特殊材料，可再生能源并网技术、储能技术等方面加快技术创新，推进分布式供能系统、氢能和燃料电池等前沿技术的研发，将新能源产业发展成以技术创新为核心竞争力的优势产业。

（三）资源型城市资源环境静脉产业的建设及相关经验

静脉产业，即资源再生利用产业，是以保障生态安全为前提，以节约资源、保护环境为出发点，运用先进的能源再生技术，将生产和消费过程中产生的废弃物转化为可循环利用的资源和产品，实现各类废弃物的再利用和资源化的产业，它包括将废物转化为再生资源及将再生资源加工为产品两个环节。为了有效消除资源环境开发的负面效应，切实提高城市生态承压度，发展以将废弃物转化为再生资源及再生产品为主的城市静脉产业成为资源型城市成功转型的必然选择。资源型城市发展静脉产业必须具备两个产业的重点支持：其一，积极培育和发展废旧物资再生资源产业。目前，发展的重点是：废纸加工再生技术、废玻璃加工再生技术、废塑料转化为汽油和柴油技术、有机垃圾制成复合肥料技术、废电池等有害废物回收利用技术等。目前，欧盟、北美、日本和澳大利亚的主要物资总消耗中，再生资源已经占有比较高的比重：玻璃 26%、橡胶 28%、纸张 35%、钢 45%、塑料 50%。2003 年，美国城镇产生的废弃物为 5.5 亿吨，回收利用率达到 40%。在各种废弃物的回收利用率中，纸张为 42%，软饮料塑料瓶为 40%，铁制包装为 57%①。其二，重点发展城市生活垃圾资源化、无害化产业。以日本为例，静脉产业已初步形成了三个主要发展方向，即把生活垃圾分别转换成家畜饲料、有机肥料和电池用燃料。加茨公司和日本生态农业公司等通过合同方式把食品废弃物排放者，如城市中的食品

① 苗建青．论循环经济的效率问题——日本废弃物回收政策研究［J］．外国经济与管理，2005(12)：51-57，63.

加工厂、食品店、饭店、超市等，与清洁公司和农户等饲料、肥料使用者联系在一起，组成食品资源循环利用网和生态社区，已取得了可观的效益。与此同时，专供家庭用的生活垃圾处理器也应运而生，并成为畅销商品。另外，还有一些日本公司正在开发把生活垃圾转化为甲烷的技术。目前，可选择试点城市进行垃圾资源化、无害化技术研究与推广，技术条件一旦成熟可行，可在全国范围内进行推广，政府财政可给予重点支持与补贴。

参考文献

高吉喜，2001. 可持续发展理论探讨：生态承载力理论、方法与应用 [M]. 北京：中国环境科学出版社.

郭秀锐，毛显强，冉圣宏，2000. 国内环境承载力研究进展 [J]. 中国人口·资源与环境（3）：29－31.

黄青，任志远，2004. 论生态承载力与生态安全 [J]. 干旱区资源与环境（2）：11－17.

金乐琴，刘瑞，2009. 低碳经济与中国经济发展模式转型 [J]. 经济问题探索（4）：84－87.

路卓铭，于蕾，沈桂龙，2007. 我国资源型城市经济转型的理论时机选择与现实操作模式 [J]. 财经理论与实践（5）：102－108.

苗建青，2005. 论循环经济的效率问题——日本废弃物回收政策研究 [J]. 外国经济与管理（12）：51－57，63.

宋冬林，汤吉军，2004. 沉淀成本与资源型城市转型分析 [J]. 中国工业经济（6）：58－64.

王胜今，李雨潼，2005. 东北地区资源型城市发展的问题及对策研究 [J]. 吉林大学社会科学学报（4）：97－102.

于志明，孙宋芝，2006. 资源型产业城市发展规律初探 [J]. 经济问题探索（3）：65－66.

余际从，李凤，2004. 国外矿产资源型城市转型过程中可供借鉴的做法经验和教训 [J]. 中国矿业（2）：17－20.

张锦国，2010. 榆林循环经济把煤“吃干榨尽”[EB/OL]. (10－13). news.china.com.cn/live/2012－10/13/content_16614082.htm.

赵一平，朱庆华，武春友，2005. 工业园可持续发展定量研究——生态承载力方法应用 [J]. 大连理工大学学报：社会科学版（2）：23－27.

草原生态保护补助奖励逆向效应的生成逻辑及其化解路径

王　瑜

随着两轮草原生态保护补助奖励（以下简称草原生态补奖）政策落实完成，全国已有 12.1 亿亩[①]草原通过实施草原禁牧得到休养生息，26.05 亿亩草原通过推行草畜平衡得以科学利用，全国重点天然草原牲畜超载率已由 2010 年的 30%下降至 2020 年的 10.09%[②]。中共中央办公厅、国务院办公厅 2021 年 9 月出台的《关于深化生态保护补偿制度改革的意见》要求，健全有效市场和有为政府更好结合、分类补偿与综合补偿统筹兼顾、纵向补偿与横向补偿协调推进、强化激励与硬化约束协同发力的生态保护补偿制度，促使生态保护者和受益者良性互动的局面基本形成。第三轮草原生态保护补奖政策紧跟国家政策导向，补奖资金由上一轮的 155.6 亿元增加至 168 亿元。探讨优化草原生态补奖制度，进一步提升政策效能，是关系到我国生态文明制度体系建设和牧区经济社会高质量发展的重大课题。

一、问题的提出

草原生态补奖成为我国继森林生态效益补偿之后的第二个关乎生态全要素的补偿政策，草原生态保护及修复是该政策的主要目标。探讨该政策的主要目标能否实现，需要对其进行科学衡量。由于草原生态补奖政策评价的复杂性和效果的滞后性，需要对补偿政策效应进行系统研究。目前，学术界对草原生态补奖效应评价不一，主要归纳为四类：一是认为草原生态补奖政策对生态保护具有激励效应[③]，激励程度与补奖标准、心理畜载量以及社会资本

---

① 亩为非法定计量单位，1 亩≈667 平方米，下同。

② 新华社．第三轮草原生态保护补奖政策实施农牧民持续受益［EB/OL］.（2021－09－15）［2022－01－03］. https：//baijiahao. baidu. com/s? id=1710951302162391485 8wfr=spider&for=pc.

③ 王攀先，祁晓慧，乔光华．草原生态保护补奖政策对牧户减畜行为的激励效应研究［J］. 黑龙江畜牧兽医，2020（6）.

调节[1]成正相关。二是认为草原生态补奖政策的实施提高了草原生产力，但未起到增加牧民收入的作用，甚至影响牧民经济收入的正增长[2][3]。根源在于补奖资金弥补牧业成本上升的有效性不足[4]，农牧民多面临牧业收益下降的窘境[5]。由此衍生出扩大牲畜量、生态服务商品化等问题。三是认为草原生态补奖政策效应呈“倒U形”走向，主要指补奖资金对减畜行为来说由正向激励逐步转变为反向限制。四是认为草原生态保护补奖政策产生的效应偏离政策制定初衷，强制性的禁牧与减畜政策忽视了牧民的主观意愿又未考虑个体差异[6]，可能引致牧户的政策认知偏差[7]，成为影响牧民行为的重要因素[8]。综上所述，政府主导型的草原生态补奖政策显然表现出政策效果的不确定性，已成为政府高度关注的生态文明制度问题。草原生态补奖政策效应与政策目标不完全一致，会引发“逆向效应”。本文从草原生态补奖政策逆向效应的具体表现、生成逻辑及化解路径三方面进行深刻阐述，以期对逆向效应进行全景式剖析。

二、草原生态补奖逆向效应的具体表现

“逆向效应”概念在金融资源配置、技术创新领域运用较广，泛指政策在实际执行中“事与愿违”的现象。在草原生态补奖政策执行过程中也会出现类似情况，本文将其界定为“草原生态补奖逆向效应”，即草原生态补奖政策实际执行效果违背生态保护政策初衷。逆向效应的存在，不仅会导致现状恶化，损害补偿主客体利益，还会衍生出生态、经济及社会方面的负面影响，致使草

---

① 冯晓龙，刘明月，仇焕广．草原生态保护补奖政策能抑制牧户超载过牧行为吗？——基于社会资本调节效应的分析［J］．中国人口·资源与环境，2019（7）．

② 罗媛月，张会萍，肖人瑞．草原生态保护补奖实现生态保护与农户增收双赢了吗？——来自农牧交错带的证据［J］．农业经济，2020（2）．

③ 周升强，赵凯．草原生态保护补奖政策对农牧户减畜行为的影响——基于非农牧就业调解效应的分析［J］．农业经济问题，2019（11）．

④ 周升强，赵凯．草原生态补奖政策对农牧民牲畜养殖规模的影响——基于生计分化的调节效应分析［J］．中国人口·资源与环境，2020（4）．

⑤ 高博，马如意，乔光华．草原补奖政策：“高满意度与低执行度”悖论的形成机理研究［J］．农业技术经济，2021（2）．

⑥ 王攀先，祁晓慧，乔光华．草原生态保护补奖政策对牧户减畜行为的激励效应研究［J］．黑龙江畜牧兽医，2020（6）．

⑦ 周升强，赵凯，张瑞．成本收益、政策认知对农牧户禁牧补助政策满意度的影响［J］．草地学报，2019（3）．

⑧ 陈海燕，肖海峰．牧户对草原生态保护政策的评价与期望——基于可持续发展背景下的考察［J］．现代经济探讨，2013（8）．

原生态补奖陷入恶性循环，具体体现在逆向流出、逆向配置及逆向激励等方面。

（一）草原生态补奖资金逆向流出

一是草原生态保护补奖资金流向民生保障。草原生态补偿金依据草地面积、类型、畜载量直接拨付给个人，属于短期“输血式”补偿。基层政府面对生态保护与牧民增收间冲突严峻的形势，会将生态补奖挪为对牧民的一种经济补偿，用直接“输血式”经费补偿替代草原生态系统整体效应的提升。如2021年下半年煤炭价格连涨，某旗县部分牧民（禁牧户居多）向政府反馈：“因第三轮草原生态补贴未发暂时没钱买煤炭。”还有一些旗县政府担心农牧民挥霍生态补奖资金，直接代替受益者购买大病医疗保险①。这些地区政府将生态补偿资金与民生保障、社会救济相混淆，弱化了草原生态补奖资金本身的效能。

二是草原生态补奖资金流向非农牧生计领域。一些半农半牧地区自身不具备饲舍圈养的条件，草原生态补奖政策实施以后，大部分农牧民依靠政策性补贴移民到城镇就业，还有一些禁牧户流转草地、卖掉家畜，利用政策补贴将生计转向非农牧业。农牧民生计分化必然带来人力资本、金融资本及社会资本的流出，增加了城镇人口资本存量，减少了农牧区产业的劳动力供给、资金支持与社会化补偿。

（二）草原生态补奖资金逆向配置

逆向配置指草原生态补奖资金配置的结构性失调状态，主要表现在配置对象、配置结果及配置方式三方面。

从配置对象来看，存在着支付意愿与受偿意愿的失调，资金瞄准以支付意愿为基准，忽视受偿者的意愿需求。以2002—2017年内蒙古D旗草原生态补奖政策评估模拟结果为依据（图1）：牧户对生态补偿的心理预期是平均每亩草场补偿7.2元，之后每亩每增加1元，不放牧比例增加22%；若要实现预期95%的禁牧目标，补偿标准应设为10.9元/亩；此后，不放牧比例增幅远低于补偿标准增幅，继续增加补偿标准的生态效应不明显。然而，第二轮草原生态保护补奖支付标准（禁牧7.5元/亩，草畜平衡2.5元/亩）低于牧户的受偿意愿（10.9元/亩）与边际成本。支付方式以直接补偿为主，缺乏基于牧民意愿、需求的智力、技术、实物等非货币补偿。支付金额与支付方式偏离了农牧民的实际需求，难以起到推动农牧民主动减畜的积极作用。

---

① 资料来源：对内蒙古自治区政协农牧委员会专家的访谈，访谈时间：2021年10月8日。

□6.5元/亩：15%不放牧
□8.1元/亩：50%不放牧
□9.1元/亩：75%不放牧
□10.2元/亩：90%不放牧
□10.9元/亩：95%不放牧
□12.4元/亩：99%不放牧
□14.6元/亩：99.9%不放牧

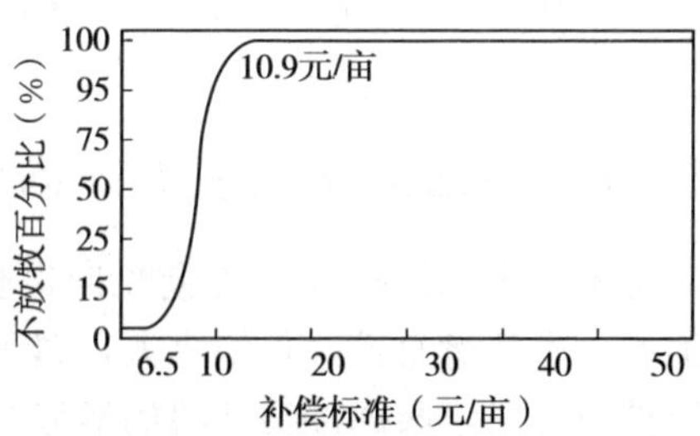

图1　不同补偿标准下牧户的响应曲线

从配置结果来看，存在着粗放式经营与生态型经营间的失衡。科学技术、人才及资金支撑匮乏，使得草原畜牧业生产经营、管理粗放，标准化、规范化、科学化水平低下，更缺乏智慧牧场建设与科学喂养的宝贵经验。传统生产经营方式还没有彻底转变，如牧区现代饲草业发展缓慢，草原旅游业线路规划不合理、产品开发不足，基于草原多功能开放的生态型经营机制没有完全建立。

从配置方式来看，存在着多元化补偿机制与单一补偿机制的失衡，市场化及社会化补偿机制难以进入，政府管制型的生态保护补偿机制占据主导地位，强调通过纵向财政转移支付、项目补贴及税收的措施进行补奖。补奖政策规定“五年为一个禁牧周期”，无法依据每年实际情况适度调整草畜平衡区与禁牧区范围及适宜载畜量，补奖资金发放没有与减畜数量有效挂钩。现有奖补政策规定棚圈、饲草料基地等投资与舍饲需求不匹配，后续产业扶持资金不足，难以提升农牧民持续增收的效能。

（三）草原生态补奖资金逆向激励

草原生态保护补奖资金以“一卡通”的形式直接发放给农牧民，这种“事前激励”的政府直接补偿无法对牧户超载起到有效抑制，一些地区出现补偿资金越多、超载现象越频发的问题。2017 年 7 月笔者赴内蒙古鄂托克旗和宁夏盐池县开展的实地调研发现：鄂托克旗 80.64％的受访农牧户表示自身存在超载过牧行为，63.21％已经超载的牧户表示虽超载但仍可获得草畜平衡奖励；盐池县 71.22％的受访农牧户表示自身存在偷牧等违规放牧行为，46.3％的偷牧户表示虽偷牧但仍可获得禁牧补助①。这一现象与政府希望通过草原生态补

① 周升强．草原生态补奖政策对农牧民生计影响研究——以北方农牧交错区为例［D］．杨凌：西北农林科技大学，2020.

奖政策的实施促进农牧户减畜的初衷是背道而驰的[①]。2019年中国社会科学院社会研究所携手一直在内蒙古牧区实践的社会工作者调查发现：禁牧后，牲畜超载现象更加严重。一些牧户用生态补偿金增加自家牲畜，而牲畜数量没有办法实时监测，补奖资金由鼓励草原生态保护集体行动转变为激励超载、增加牲畜量，给生态修复及可持续发展带来较大压力。

三、草原生态补奖逆向效应的生成逻辑

草原生态保护补奖政策逆向效应的存在表明政策执行呈现出低效、无效现象。政策有效的过程不是一个简单的公共管理过程，而是目标和手段不断相互增强的整体性治理的过程。整体性治理意味着管理部门内部需要以公民为基础的、以服务为基础的、以需要为基础的组织网络的重组和功能的协调，需要信息系统的变革，需要和外部组织、个人的互动整合[②]。基于此，政府主导型的草原生态补奖逆向效应的生成逻辑可归纳为：以政府管制为起点、自上而下的草原生态保护补奖体制机制，与市场主体的扩大、社会力量的崛起以及以数据驱动为导向的管治模式不相适应；缺乏基于农牧民异质性需求的补偿主体结构的重组及补偿制度的优化；缺乏基于政策执行环节的有效整合；缺乏基于信息、技术手段的全要素、全过程监督，由此导致执行结果与政策初衷相背离，降低了政策执行效能。具体体现在制度层面、执行层面、受益者层面及信息技术层面。

（一）制度层面

一是农牧民参与机制缺位，体现为农牧民参与政府决策过程、参与政策绩效评价缺位。草原生态补奖政策决策过程中缺乏听证会、农牧民大会等意见反馈环节；政策执行绩效评价体系中缺乏农牧民的满意度指标。政策决策与实施过程没有与农牧民生计资本状况、主观需求及补偿意愿建立相互联系，现行的补偿标准及固化的补偿方式，引发资金供给与牧户需求不平衡，滋生了一系列资金补偿逆向效应，降低了农牧民政策评价满意度，间接影响草原生态保护目标的如期实现。

二是政策主客体激励不相容。就逆向激励而言，政策执行结果忽视了农牧

---

① 王加亭，闫敏，乔江，等．草原生态补奖政策的实施成效与完善建议［J］．中国草地学报，2020（4）．

② 裘丽，唐吉斯．基于“管制平衡”的草原生态补偿政策参与式干预发展评价研究［J］．生态学报，2019（1）．

民草原生态保护集体行动的主动性，强化了“超载违规行为带来的巨大收益”，政策激励与农牧民行为选择存在逆转现象。依据博弈理论中非合作博弈与合作博弈间的制衡关系：违反政策规定的农牧民收益持续增加，遵守规定的农牧民收益持续下降，最终结果就是补奖资金激励发生逆转，违规行为持续发生、草地资源被过度开发、生态环境持续恶化。因此，激励不相容的政策措施不仅起不到应有的激励和约束作用，反而导致违规获利的强大诱惑力与处罚规则相对较弱的强制力之间出现严重失衡，进而促进了牧民超载过牧行为的发生①。

（二）执行层面

一是补偿模式不合理。直接的现金补贴、线性的“一对一”补贴既没有真正遵循“谁受益、谁付费”的补偿原则，也无法调动草原生态保护各方参与的积极性。直接的现金补贴忽视了潜在受益者对生态资源的无偿享用，无形中降低了对直接受益者的利益补偿。线性的“一对一”补贴缺乏对补偿对象进行差异化补偿的考虑。譬如，纵向方面缺乏上级政府对下级政府的转移性生态补偿、基层政府对牧民的补偿、农牧民凭借社会资本形成的自我补偿；横向方面缺乏直接受益区政府、企业和居民对草原生态保护区居民、企业及政府的补偿。非结构化的、线性的补偿没有将草原生态补奖政策实施置于一种动态化的演变过程中，而是将政策目标的实现与政策手段直接关联，忽视了政策实施中多元主体对政策走向可能形成的影响，势必影响农牧民生态保护行动的一致性。

二是补奖资金融资渠道不畅。生态补奖的有限非排他性、非竞争性促使政府主导型的直接项目补偿与农牧民草原生态保护集体行动间存在激励不相容，现行政策标准对农牧民行为具有扭曲效用。然而，市场化融资渠道不畅、政府对草原生态保护和现代畜牧业发展投入不足又制约着生态型产业的发展。2019年、2020年两年，国家、自治区投向内蒙古通辽市畜牧业生产的财政资金不足3亿元，仅是种植业投入的1/3，特别是对肉牛种子工程的投入不能满足现代畜牧业发展的需求。养殖业贷款额度小、周期短、利息高等融资困难频繁发生，阻碍了农牧民经济增收、草地生态经济化的可持续发展。

三是补奖资金绩效评价缺失。由于畜牧业生产存在较强的周期性，牧民经常无法及时减畜达到草畜平衡要求，导致草原生态补奖资金发放部门不得不在牧民减畜之前发放大部分补奖资金，属于一种“事前激励”。但对补奖资金的后续流向缺乏相应的监督与评价，更未与农牧民草场生产力、减畜数量以及政

---

① 韩凤芹，李丹．基于政府行为视角的中央财政草原生态保护补助奖励政策效果研究［J］．中央财经大学学报，2021（1）．

策执行结果等因素关联进行评价。需要建立科学、规范的绩效评价体系，实现对统筹生态补奖资金、建立差异化补奖的精准指导。

（三）受益者层面

一是农牧民参与集体行动动力不足。农牧民参与的内生动力，是个体的内在心理动机，主要体现在个体需求层面和价值信念层面[①]。个体需求层面的约束源于补奖参与机制与政策宣传机制不完善，难以调动农牧民参与主动性、创新性。价值信念层面的动机，包括决策吸引力、公共利益承诺、自我牺牲精神等[②]。市场化补偿参与行动中，农民参与的主要动力来自个体经济利益最大化。社会化补偿参与行动中，农民参与的主要动力来自社会网络产生的道德约束及集体行动形成的吸引力。然而，草原生态保护补奖政策执行中社会化补偿参与缺位、社会资本链接不畅，致使农牧民就草原生态保护集体行动难以达成共识。

二是社会资本介入存在壁垒，弱化了社会化补偿效能。生态补偿的主体应该包括生态服务的直接受益者与潜在受益者两种，可能是特定区域的个人、社会组织、企业，或是中央、地方政府及全体居民。按照“谁受益、谁付费”的原则，草原生态保护补奖主体应该吸收社会资本，通过农牧民地区文化、邻里关系建立稳定、相互信任的社会关系网，积极发挥社会网络的信任与资本传导功能，逐步建立起基于社会网络的农牧民自我补偿机制。这种社会化补偿机制不仅执行成本低，也能从非正式制度层面促进农牧民就减畜行为达成一致。事实上，政府主导型的草原生态保护补奖政策由于忽视了社会资本的可再生性及自我补偿功能，面对农牧户领取补偿金后仍旧超载、偷牧的道德风险，只能表现出力不从心。

（四）信息技术层面

草原生态保护补奖呼吁以信息、技术驱动为导向，以事前介入、事中参与和事后评估的形式嵌入政策执行全过程，强调资源重组、信息监测、风险预警、绩效评价、精准反馈等功能的有效协作。但在内蒙古、新疆及甘肃等地的实地调研中发现：以信息、技术为导向构建的“利益共享、风险共担”的草原生态补奖政策体系，只是机械式地将信息、技术应用到某一环节中，信息共享

---

① 詹国辉，张新文．名声效应、重复博弈与农村集体行动［J］．中国农业大学学报（人文与社会科学版），2018（6）．

② 王晓莉，何建莹．农民参与农业农村生态环境治理的内生动力研究——基于五个典型案例［J］．生态经济，2021（10）．

碎片化。譬如，运用“3S”技术（遥感技术、地理信息系统、全球定位系统）构建草原“监测—绩效”评价体系，农牧局与林草局联合建立草原生态系统监测平台、基层政府组建农牧户补奖信息数据库等功能模块，缺乏职能整合、信息互通机制，导致基于各部门的补奖信息数据质量低、数据丢失、数据失真等问题频发。

四、化解草原生态补奖逆向效应的政策建议

通过上述深入分析可知：逆向效应的存在既关系到提升草原生态补奖政策效能，也关系到健全政府主导型的生态补奖体制机制。摆脱补奖资金逆向流出、逆向配置及逆向激励等方面的种种困境，应从六方面针对性地化解逆向效应，完善草原生态补奖政策体系，稳步提升政策整体效能。

（一）探索复合型补偿模式及集体奖励机制，避免补偿资金逆向流出

建立健全“分层化＋多样化”（补偿对象＋补偿形式）补偿模式，合理界定纵向层面“中央政府—地方政府—基层政府—农牧民”补偿权责，科学建立横向直接受益者与潜在受益者、直接损失者与间接损失者间的对等补偿机制，形成综合型、分层型、分类型的系统化补奖政策体系，促进多主体行为激励相融合，避免草原生态补奖资金逆向流出。

健全生态补偿集体奖励制度，变“输血式”补偿为“造血式”激励，关键要创新多元主体参与模式。要在农牧社区设立“村‘两委’＋合作者＋农牧民”“村‘两委’＋基地＋农牧民”“合作社＋社会资本”等多元化的合作模式。积极借鉴呼伦贝尔市新巴尔虎右旗芒莱嘎查“共管草场”的生态补偿经验，以严格落实草畜平衡和禁牧为前提，依托党支部、村委会与企业、社会组织、农牧民建立双向组织联系，以资金、草地、劳动力等资本交换的方式实现多元主体间的利益互动。依托智慧放牧技术科学分析合作社草场优势、产量及草类结构，通过四季轮牧的方式合理利用草牧场资源，不断加强草牧场修复和治理。健全生态补偿集体奖励制度，保障农牧民经济生态化、草地生态经济化及社会力量整合化的“造血式”补偿，实现补奖资金循环再利用、再开发。

（二）助推“生态＋”牧业现代化产业模式，扭转补奖资金逆向配置

实现生态效应是现代化牧区建设的核心任务，畜牧业专业合作社应将“生

态+”发展模式融入牧区现代化产业发展全过程，与牧民共建共享资源红利，最大限度发挥出生态与经济社会协同发展的复合效应。一是要建设高标准现代草原畜牧业示范区。坚持以草定畜、草畜平衡，优化草原畜牧业生产布局和畜群结构，扶持建设标准化、规模化养殖小区，走为养而种、种养循环、清洁生产、资源节约的现代畜牧业之路。二是要大力培育新型经营主体。把培育养殖专业大户、家庭农牧场、农牧民合作社、产业化龙头企业作为发展现代草原畜牧业的重要抓手。三是要着力发展现代饲草业。注重科技的支撑力，向广大牧民传授保护草原的科学知识和实用技术，挖掘和传承草原绿色风俗，在有条件的地方建立满足家畜福利与符合现代牧业伦理的示范牧场，弥补设施、营销等短板，构建起呈现精细化特色、全产业链融合的现代牧业体系。

（三）健全社会有序参与机制，合力解决补奖资金逆向激励

重点关注社会网络的整体结构性特征及其有效互动。具体到草原生态补奖政策实施过程，应积极培育、壮大、规范社会资本，寻求建立政府与社会资本的互动合作，实现政府与农牧民间由“补偿—受偿”一维关系向“生态服务提供者—政策调控者—社会利益再分配者”多维关系转变。牧民角色转换意味着对其权利的保障得到实质性落实，从而可激发农牧民参与政策的内生动力，建议从以下两方面入手。

一是激发社会资本“带动—辐射”功能，提升农牧民自我补偿能力。社会资本蕴含于组织或网络中，通过人与人之间的合作增进社会效率和整合度。健全社会化补偿机制要加强牧区公共文化服务供给、政策宣传、知识培训，发挥党员、干部、产业能人及乡村贤士在社会网络中的“带动—辐射”功能，与农牧户积极交流沟通，提升彼此信任、帮扶、商议等互动能力，为草原生态保护集体行动奠定合作基础。

二是健全社会信任机制，助力草原生态保护集体行动。信任—沟通—商议—监督—评价是社会网络在配置社会公共资源时发挥的主要作用，社会信任是社会网络形成集体共识的基础。要积极推动党员、村干部、乡贤等有影响力的农牧民加入文化宣传与政策解读过程，以一部分人的真实经验、感受，从精神、情感方面引导大部分农牧民树立正确的认知与价值判断。例如，“草原之子”廷·巴特尔提出的“牧区发展的‘四点平衡’——养什么养多少收入最高、支出和成本最低、劳动强度最小、生态效益最好”① 的经济生态化理念鼓舞人心，促进人们凝成共识，廷·巴特尔亦成为草原生态保护的佼佼者。在此

① 于嘉，恩浩．“草原之子”廷·巴特尔让草原绿起来，帮农民富起来［N］．新华每日电讯，2021-07-09.

情景下，信任与支持机制逐渐建立，并且社会资本不断催生信任规范、依托社会网络传递信任，进而可有效遏制草原违法行为。

（四）组建草原生态补奖大数据平台，为多元主体互动治理提质增效

互动治理主张以数据驱动为导向实现“人—草—畜—天”生态系统的整体性治理，组建草原生态保护补奖大数据平台，将草原生态保护补奖网格化治理、补奖资金信息化管理、草畜平衡监管、牲畜交易信息化服务、草原生态综合监测和政策效益“评价—反馈”六大模块功能高效整合，实现“人—草—蓄—天”生态系统全要素动态监测和资源共享。其中，草原生态保护补奖网格化治理以牧户数划分网格，由网格员负责网格内牧户生计资本信息的管理，实时掌握存栏、出栏载畜量。补奖资金信息化管理既要实现对资金到户的精准监督，也要实现对牧户补奖资金链条的跟踪式监督，为资金流向提供预警服务。草畜平衡监管由林草部门利用高分影像，科学研判超载风险区，实时、定期向监管部门推送超载问题区域，根据“草”“畜”两项指标，科学评价草畜平衡制度执行情况，为各级政府决策提供科学依据。牲畜交易信息化服务平台，依据市场牲畜价格走向跟踪发布预警信息，引导牧户做出正确抉择。草原生态综合监测依托草原网络感知系统，划定管护监测责任区，实行网格化监督管理，也与其他模块合作形成数据共享、科学研判、精准分析。

草原生态保护补奖大数据平台依托信息技术，在政策执行、补奖流程、补奖监督及补奖“评估—反馈”间建立起用数据“识别—核算—瞄准—监测—评价—反馈”的互动治理体系，将多元补偿主体、受偿者异质性需求都纳入补偿体系中，可为建立以政府补偿为主、农牧民自我补偿及企业自愿补偿为辅的共建共治草原生态保护补奖体系及化解单一补奖政策逆向效应奠定坚实基础。

（五）强化提升草原生态保护监管与执法水平，确保逆向效应防范前置化

监管与执法是有效防范草原生态补奖逆向效应的一体两翼，要同频推动健全监管制度与提升执法能力。一是健全草原生态保护监管制度。同步推进领导干部责任追究制度与草原保护责任制度，细化草原管护员的责任义务；强化草原行政执法与刑事司法衔接机制，保持打击草原违法行为的高压态势。二是强化基层执法队伍布局。引进部分草原保护专业人才，充实基层执法力量，形成以旗县和苏木镇为执法监管主体的工作格局。三是创新执法方式。整合草原执法监督力量，推动形成区域、部门齐抓共管的联合执法监督格局。四是将技术嵌入执法全过程。充分应用大数据平台及卫星遥感、远程监控、无人机巡查等

技术手段，将数字技术全过程嵌入执法及反馈等环节；加强固定监测点建设，配备执法装备和交通工具，形成地空一体化监测巡查的全覆盖式草原监督管理体系。

（六）建立健全草原生态奖补法律制度体系，稳步提升政策整体效能

一是修订和出台相关法律法规。加快修订草原法。在草原制度方面，突出对草原资源实行源头预防、过程控制、损害赔偿、责任追究全过程管控，强化草原用途管制；实行地方人民政府草原保护发展目标责任制和考核评价制度，压实地方政府保护草原的责任①。地方应尽快修订草原管理条例，将习近平生态文明思想融入立法内容，将草原资源资产管制、草原资源损害责任追究和草原生态补偿等制度上升为法律。对草原违法犯罪行为准确定性，完善处罚标准，提高可操作性、规范性和威慑力。二是推动草原保护制度创新。探索草原有偿使用制度、超载过牧征收税费制度、集体草场和流转草场规范监管制度等，提升草原建设与管理的质量。完善草原“三权分置”制度，探索不同区域实施不同的“三权分置”办法，保障草原经营者权益。三是完善草原生态保护修复标准体系。制定天然草原生态保护与利用标准，明确不同区域、不同草原类型生态功能最大化判断指标；制定草原退化评价标准，设定草地退化等级定量评价指标，明确不同区域合理放牧利用限度；制定草原重建与修复标准，提高强制性标准比例，为依法保护草原提供有力支撑。

参　考　文　献

2021. 国家林业和草原局对“关于尽快修订《草原法》加强草原生态保护工作的建议”复文［EB/OL］.（11-24）［2022-03-08］. http. //www. forestry. gov. cn/.

陈海燕，肖海峰，2013. 牧户对草原生态保护政策的评价与期望——基于可持续发展背景下的考察［J］. 现代经济探讨（8）.

冯晓龙，刘明月，仇焕广，2019. 草原生态保护补奖政策能抑制牧户超载过牧行为吗？——基于社会资本调节效应的分析［J］. 中国人口·资源与环境（7）.

高博，马如意，乔光华，2021. 草原补奖政策：“高满意度与低执行度”悖论的形成机理研究［J］. 农业技术经济（2）.

韩风芹，李丹，2021. 基于政府行为视角的中央财政草原生态保护补助奖励政策效果研究［J］. 中央财经大学学报（1）.

① 国家林业和草原局对“关于尽快修订《草原法》加强草原生态保护工作的建议”复文［EB/OL］.（2021-11-24）［2022-03-08］. http：//www. forestry. gov. cn/.

罗媛月，张会萍，肖人瑞，2020. 草原生态保护补奖实现生态保护与农户增收双赢了吗？——来自农牧交错带的证据［J］. 农业经济（2）.

裘丽，唐吉斯，2019. 基于“管制平衡”的草原生态补偿政策参与式干预发展评价研究［J］. 生态学报（1）.

王加亭，闫敏，乔江，等，2020. 草原生态补奖政策的实施成效与完善建议［J］. 中国草地学报（4）.

王攀先，祁晓慧，乔光华，2020. 草原生态保护补奖政策对牧户减畜行为的激励效应研究［J］. 黑龙江畜牧兽医（6）.

王晓莉，何建莹，2021. 农民参与农业农村生态环境治理的内生动力研究——基于五个典型案例［J］. 生态经济（10）.

新华社，2021. 第三轮草原生态保护补奖政策实施农牧民持续受益［EB/OL］.（09－15）［2022－01－03］. https：//baijiahao. baidu. com/s? id＝1710951302162391485&wfr＝spider&for＝pc.

于嘉，恩浩，2021. “草原之子”廷·巴特尔让草原绿起来，帮农民富起来［N］. 新华每日电讯，07－09.

詹国辉，张新文，2018. 名声效应、重复博弈与农村集体行动［J］. 中国农业大学学报（人文与社会科学版）（6）.

周升强，2020. 草原生态补奖政策对农牧民生计影响研究——以北方农牧交错区为例［D］. 杨凌：西北农林科技大学.

周升强，赵凯，2019. 草原生态保护补奖政策对农牧户减畜行为的影响——基于非农牧就业调解效应的分析［J］. 农业经济问题（11）.

周升强，赵凯，2020. 草原生态补奖政策对农牧民牲畜养殖规模的影响——基于生计分化的调节效应分析［J］. 中国人口·资源与环境（4）.

周升强，赵凯，张瑞，2019. 成本收益、政策认知对农牧户禁牧补助政策满意度的影响［J］. 草地学报（3）.

退牧还草与草原畜牧业经营方式转变研究

——基于乌审旗六嘎查的实证分析

高翠玲　李主其　曹建民

一、退牧还草研究现状评述

国外在草原退化问题上积累了丰富的经验，如美国和加拿大强调草地管理应建立在生态规律基础上。Bart Fransen 和 Hans De Kreon（1999）指出，在自然修复上应注重利用牧草顽强的生命系统的自我调节作用，以改善草原生态①。澳大利亚、荷兰、新西兰等国家，有着先进的草原改良技术，有着较科学的草原保护发展模式和经验（Cross A F，Schlesinger W H，1999）②。Pitts 等（1987）认为，短期放牧和连续放牧下植被组成是相同的，前者并不能提高牧草的利用率③。

2002 年末，国家正式启动退牧还草工程，国内学者们针对退牧还草工程展开了广泛而深入的研究和讨论。部分学者认为，实施退牧还草工程促进草地资源自我更新、对缓解草原生态系统退化局面起到了关键作用（侯向阳，2005）；退牧还草工程的实施改变了牧民的收入结构，促成了产业结构的调整（李新，2006）。此外，学者们还针对退牧还草工程实施中存在的问题进行了探讨。有学者研究发现，有些地方的群众对禁牧有抵触情绪，偷牧现象严重，草原管护问题引发了干群矛盾，增加了社会不安定因素（李善堂，张榕，阿不满，2005）；退牧还草造成项目区劳动力剩余以及非项目区草场进一步过度放

---

① Bart Fransen，Hans De Kreon. Long－term disadvantages of selective root placement：root proliferation and shoot biomass of perennial grass in a 2－year experiment［J］. Journal of Arid Environments，1999（32）：23－32.

② Cross A F，Schlesinger W H. Plant regulation of soil nutrient distribute in the northern Chihuahua desert［J］. Plant Ecology，1999（145）：11－25.

③ Pitts P S，et al. Steer and vegetation response to short duration and continuous grazing［J］. J Range Manage，1987，40（4）：383－389.

牧（赵春花、曹志忠，2009）；退牧还草工作面临复杂的地域和社会经济条件的差异（李文卿等，2007）。因此，该工程的实施无论在理论上还是在实践上都有待于继续探索。

二、选点取样及模型设定

（一）选点取样

内蒙古退牧还草工程自 2002 年开始，根据《内蒙古自治区阶段性禁牧、划区轮牧补偿实施办法》，退牧还草工程涉及 12 个盟或市所辖的 65 个旗或县，重点在 33 个畜牧业旗县和 21 个半农半牧旗县实施。本研究选取内蒙古典型项目区乌审旗作为样本区。乌审旗位于内蒙古自治区最南端，鄂尔多斯市西南部，毛乌素沙地腹部。全旗天然草场 1 321 万亩，下辖 6 个苏木镇 59 个嘎查村。2004 年乌审旗被列为天然草场退牧还草项目旗，涉及 6 个苏木镇 12 个嘎查村。一期工程为 2006—2010 年，总休牧 70 万亩，补播 40 万亩，棚圈 140 处，项目涉及牧户 1 323 户 5 292 人。截至 2011 年，全旗禁牧总面积达 627.5 万亩，休牧面积 517.11 万亩，禁休牧总户数达 29 122 户，圈养牲畜达 92 万头只。

本研究分别从乌审旗 6 个苏木（镇）选取 6 个具有代表性的嘎查作为具体的样本点，即图克镇图呼勒岱嘎查、原陶利镇通史嘎查、原沙尔利格镇朝岱嘎查、乌兰陶勒盖镇巴音敖包嘎查、原嘎鲁图苏木巴音温都嘎查、乌审召镇巴音陶勒盖嘎查。调查采用问卷法和访谈法相结合的方法。在牧户调查问卷样本的选取上，以嘎查为单位，根据牧户贫富状况按照比例随机抽样。每种调查样本量一般控制在低收入牧户 5～10 人，中等收入牧户 15～20 人，相对富裕型牧户 5～10 人。对每个嘎查各发放问卷 30 份，共发放问卷 180 份。

（二）模型设定

为比较退牧还草前后不同阶段家庭经营方式的变化状况，分别以项目村 1998—2000 年、2001—2005 年、2006—2010 年样本户户均时序数据为基础作分析。

通过对样本值散点图的分析，将牧户收入与各贡献因子间的关系表示为：

$$Y_t = \int (X_1, X_2, X_3, X_4)$$

式中，X_t 为牧户不同年度人均纯收入，$X_1 \sim X_4$ 为牧户人均畜牧业收入、务工收入、经营收入、转移支付。经营收入包括零星的畜产品贩销、季节性餐饮服务和短途运输等；务工收入主要指外出打工收入。

用线性模型拟合纯收入与牧户经济各个组成成分间的关系，建立模型：

$$Y_t=\beta_0+\beta_1 X_1+\beta_2 X_2+\beta_3 X_3+\varepsilon \text{（}\varepsilon\text{ 为随机变量）}$$

根据结果，对项目村牧户退牧前后各收入来源对人均纯收入的贡献进行对比分析。根据多元回归分析可以了解退牧还草前后不同阶段牧户家庭经营方式的基本构成。

三、结果与分析

（一）牧民收入组成因子时序变动特征及贡献分析

嘎查内畜牧业收入仍然是牧民家庭收入的主要来源，1998—2000 年、2001—2005 年、2006—2010 年牧民畜牧业收入年均增长率分别为 14.69%、16.1%、11.44%，特别是自 2006 年全面实施退牧还草工程以来，牧民畜牧业收入虽总体上表现出增长态势，但年均增长率与 2005 年前相比有下降趋势。畜牧业在家庭收入中的节点贡献率为：1998 年 91.5%、2001 年 83.9%、2006 年 68.7%、2010 年 57.2%，畜牧业对家庭收入的贡献呈下降趋势（图 1）。1998—2000 年、2001—2005 年、2006—2010 年牧民务工收入年均增长率分别为 36.5%、54.3%、67.6%，工资性收入总体水平呈上升趋势（图 2），对家庭经营收入的贡献也逐渐增加。而更为明显的是财政补贴性收入对家庭收入增长的贡献率增长最多（图 1）。在退牧还草政策的推动下，牧民逐渐选择通过多种经营渠道增加家庭经营收入，但多种经营收入对总体收入的贡献率仍然较小。因此，退牧还草在短期内并没有实现改变家庭经营模式的预期。事实上，家庭经营收入的增长很大一部分来源于国家财政补贴的增加。

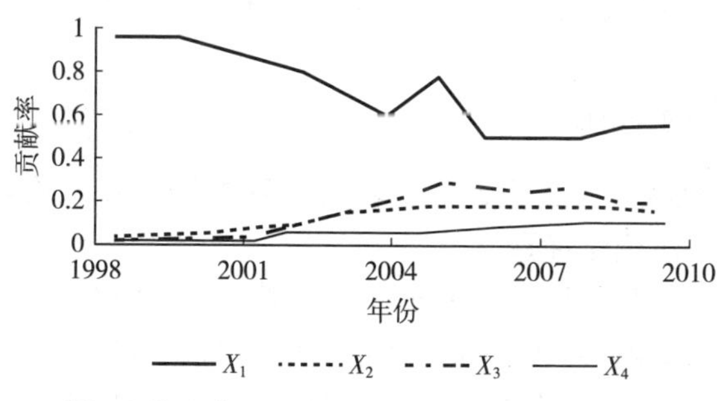

图 1　牧民收入组成因子对收入增长的贡献率

（二）多元回归分析

多元回归分析结果如表 1 所示，在退牧还草实施前后，畜牧业对家庭经营收入的影响均较大，回归系数较大，影响较为显著。回归分析也进一步说明，

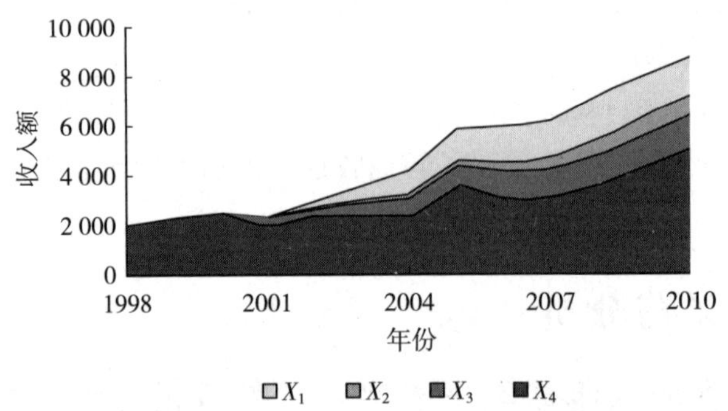

图 2 牧民收入组成因子时序变动趋势

在退牧还草实施前，牧民家庭经营结构较为单一，经营性收入几乎没有，收入主要来源于畜牧业。随着退牧还草逐渐实施，牧民家庭收入结构逐渐多元化，但多种经营收入在生产经营的各个阶段并没有达到显著的水平，因此对家庭经营的贡献并不突出。而随着退牧还草工程的实施，转移性收入显著性水平逐渐增加，工资性收入水平也逐渐增加，但显著性水平较畜牧业仍然偏低。

表 1 牧民收入组成因子多元回归分析

项目	1998—2000 年	2001—2005 年	2006—2010 年
畜牧业收入 X_1	0.973**	0.982**	0.864**
务工收入 X_2	0.227	0.526	0.645*
经营收入 X_3	−0.546	0.346	0.478
转移支付 X_4	0.132	0.653*	0.786*

注：* 表示在 5%水平上显著，** 表示在 1%水平上显著。

（三）结论与讨论

1. 短期内，退牧还草工程造成畜牧业对家庭经营收入贡献下降，并没有促进草原畜牧业的规模化经营

访谈结果显示，禁牧后对原来放牧的牲畜进行舍饲圈养。（且不说舍饲对牛羊肉品质的必然影响，）牧民饲养牲畜的成本明显增加，全年平均每只羊饲料成本在 150～200 元，加上饲养防疫、劳力、围栏等投入，平均每只羊全年饲养成本在 200～250 元。如此高的饲养成本，牧民几乎没有利润可得。为了继续养殖，很多牧户采取租赁草场的方式饲养牲畜，出现“此禁彼牧”现象。此外，如果实行舍饲或半舍饲的生产方式，那么牧民就要一次性投入围栏建设、水利设施建设和饲草料储备等费用，这对当前的牧民来说，显然资金投入过大。这就导致很多牧民不得不缩小牲畜饲养规模，甚至有的牧户出现了无畜

的现象，因而无论从访谈结果还是年际数据分析上来看，退牧还草并没有促进草原畜牧业规模化经营。

2. 退牧还草工程并没有达到改变家庭经营结构和家庭经营方式的预期

前文分析已经显示，退牧还草实施以后，畜牧业收入仍然是牧民家庭收入的主要来源。在各构成因子的贡献中，转移性收入对家庭收入增长的贡献率增长最多，其次是工资性收入，再次是经营性收入。而转移支付只是国家促进政策实施的手段，并不能从根本上保障牧民收入持续增长，这类政策往往有一定的持续期。同时要认识到的是，牧民向二、三产业转移，导致务工收入增加，是否是退牧还草工程带来的社会效益？这一点值得我们去讨论。

四、对草原畜牧业经营方式的思考

（一）适度规模经营，应该成为未来草原畜牧业基本经营模式

关于小农经济，马克思在《资本论》和《路易·波拿巴雾月十八日》等论著中作了生动而深刻的概括："这种生产方式是以土地及其他生产资料的分散为前提的。它既排斥生产资料的积累，也排斥协作，排斥同一生产过程内部的分工，排斥社会对自然的统治和支配，排斥社会生产力的自由发展。它只同生产和社会的狭隘的自然产生的界限相容①。"这种自然经济的小生产，必然阻碍商品经济的发展，阻碍商品生产和商品流通。西方发达国家畜牧业发展的历史充分证明，适度规模经营是生产力发展的客观要求。因此，当生产关系已经不适应农村社会生产力要求时，适时适度调整生产关系就是关键。草原畜牧业现代化的实现，必然离不开规模化的经营方式。因此，国家制度的安排也要以实现这一目标为根本的出发点和落脚点。

（二）草原畜牧业经营方式发展，必须遵循草原畜牧业内在自然规律和经济规律

科学合理的草原利用方式一定要遵循草原内在的自然规律和经济规律。在自然生态系统内部，羊与草的关系并非单纯的吃与被吃的关系。对草原畜牧业中的人、草、畜之间的关系，葛根高娃已经给出了精辟的论述：草原畜牧业是长期牧业实践形成的精密的运作流程。它的各个要素之间紧密结合、互相作用、互相制约，草原上生长的植物为牲畜提供了食物来源；牲畜的采食又促进了植物的生长。牧民通过在草原上放牧牲畜获得了生产、生活资料，并可以在

① 马克思．资本论：第一卷［M］．北京：人民出版社，1998.

这个过程中以科学合理的放牧方式来调节草畜之间的平衡[①]。人、草、畜三个要素无论哪一个都是该系统中不可或缺的。

总体来说，实施退牧还草，舍饲圈养，初衷是改变家庭经营模式，实现草原畜牧业规模化经营，保护草场生态。可以说，出发点是正确的。但如果人为分割草场，打乱牲畜种群结构，打破生态系统的内在循环系统，违背自然和经济规律，形而上学，这就尚待进一步商榷。客观地说，制度本身没有优劣之分，主要看制度是否适应当地生态环境、社会经济条件以及自然和经济规律。因此，无论是退牧还草工程，还是草原畜牧业经营方式，都不能一概而论，应当从实际出发、因不同的客观条件加以实施。

参　考　文　献

葛根高娃，乌云巴图，2003. 内蒙古牧区生态移民的概念、问题与对策［J］. 内蒙古社会科学（汉文版）(2).

郭红霞，赵成章，汪艳林，等，2009. 基于退牧还草模式的农牧户家庭经营实证研究［J］. 中国草地学报（31).

侯向阳，2005. 中国草地生态环境建设战略研究［M］. 北京：中国农业出版社.

李善堂，张榕，阿不满，2005. 退牧还草对农牧民收入影响的思考［J］. 草业科学（3).

李文卿，胡自治，龙瑞军，等，2007. 甘肃省退牧还草实施绩效、存在问题和对策［J］. 草业科学（24).

李新，2006. 退牧还草项目对内蒙古牧民收益影响的实证研究［J］. 农业技术经济（3).

马克思，1998. 资本论：第一卷［M］. 北京：人民出版社.

赵春花，曹志忠，2009. 退牧还草工程对内蒙古阿拉善左旗经济社会效益的影响［J］. 草地学报（1).

Bart Fransen，Hans De Kreon，1999. Long - term disadvantages of selective root placement：root proliferation and shoot biomass of perennial grass in a 2 - year experiment［J］. Journal of Arid Environments（32)：23 - 32.

Cross A F，Schlesinger W H，1999. Plant regulation of soil nutrient distribute in the northern Chihuahua desert［J］. Plant Ecology（145)：11 - 25.

Pitts P S，et al.，1987. Steer and vegetation response to short duration and continuous grazing［J］. J Range Manage，40（4)：383 - 389.

① 葛根高娃，乌云巴图. 内蒙古牧区生态移民的概念、问题与对策［J］. 内蒙古社会科学（汉文版)，2003（2).

DI-ER PIAN 第二篇

基层公共治理

JICENG GONGGONG ZHILI

内蒙古牧区治理“党建＋三治”工作模式研究

张银花　路冠军

“治理有效”是乡村振兴的五大总要求之一。没有乡村的有效治理，就没有乡村的全面振兴。2022年中央1号文件《中共中央　国务院关于做好2022年全面推进乡村振兴重点工作的意见》提出，牢牢守住保障国家粮食安全和不发生规模性返贫“两条底线”，扎实有序推进乡村发展、乡村建设、乡村治理“三项重点”，坚持和加强党对“三农”工作的全面领导，推动乡村振兴取得新进展、农业农村现代化迈出新步伐的具体要求。结合牧区实际，因地制宜，突出实效，扎实有序推进牧区治理势在必行。

牧区，是以绿色草原为主体生态景观，以草原畜牧业为基础产业的特殊经济区域[①]。我国的牧区地域非常广阔，面积达400多万平方公里，约占国土面积的42%。草原面积占全国草原总面积22%的内蒙古自治区，是中国最大的草原牧区，外与俄罗斯和蒙古国相邻，有4 200多公里边境线，占全国陆地边境线的19.2%，是中国的北大门、首都的“护城河”。

一、内蒙古牧区治理“党建＋三治”的实践经验及成效

内蒙古33个牧区旗县中的阿巴嘎旗、新巴尔虎右旗作为内蒙古牧区现代化试点旗，有效发挥牧区基层党组织战斗堡垒作用，积极推广“四议两公开”工作法，不断完善牧区矛盾纠纷化解机制，不断夯实牧区治理根基，有效提升了牧区治理效能。

（一）积极探索基层党建工作模式，择优选配嘎查级党建助理员

新右旗发展“北疆红色堡垒户”模式，探索出以“一带双联三到”（“一

① 王关区．我国草原牧区经济的改革与创新［J］．内蒙古社会科学，2009（2）．

带”就是发挥其带头示范作用，“双联”就是上联党支部、党小组，下联党员和牧户，“三到”就是组织触角到户，服务责任到人，工作保障到位）为主要内容的牧区基层党建工作新模式，着力解决联系服务群众“最后一公里”问题，消除牧区基层党组织联系服务群众“空白点”。阿巴嘎旗发展“党员中心户”模式，形成以“一带双联三到四中心”（“一带”即发挥党员中心户的带头示范作用，“双联”即党员中心户上联党支部、下联党员和牧户，“三到”即组织到户、服务到人、工作到位，“四中心”即牧民党员群众的工作活动中心、致富示范中心、维稳调解中心、便民服务中心）为主要内容的“党员中心户＋”牧区基层党组织建设新模式①。

2016年以来，苏木镇先行试点，将嘎查级后备干部队伍建设与抓实基层党建工作紧密结合，通过社会招聘、个人自荐、组织推荐等方式，从嘎查大学生中择优选配嘎查级党建助理员，从培养教育、日常管理、实绩考核等方面入手，签订嘎查党建助理员聘用合同，量化工作指标，明确岗位职责任务，制定党建助理员工作实绩考核细则，建立苏木党委统筹管理，苏木、嘎查两级党员干部联系帮带制度，注重加大在实践工作中的锻炼使用力度，压担子、重锻炼、助成长，促进党建助理员在工作中夯实群众基础、积累工作经验，为扎根基层、服务基层奠定基础。

（二）加强嘎查“两委”班子建设，严把选人用人质量关

结合嘎查换届选举工作，阿巴嘎旗将“六类人员”（党政机关、事业单位、企业在职干部、退休干部；优秀民营企业经营管理人员；嘎查党员中心户、致富带头人、牧民合作经济组织负责人；外出务工经商、返乡创业人员；复转退伍军人；优秀大学毕业生）充实到嘎查“两委”班子，优化嘎查“两委”班子年龄、学历、知识、结构②。同时，加大对大学生村官的培养使用力度，引导工作中表现突出、有志于服务牧区的优秀大学生村官进“两委”班子。新右旗将红色堡垒户作为实践平台和考察发展党员的重要渠道。优秀党员“堡垒户长”由组织推荐参加嘎查“两委”换届选举或作为苏木镇党代表、人大代表、政协委员推荐人选，实现嘎查选人用人科学化、规范化。

充分运用“五进蒙古包”等现代远程教育网络体系和各种新媒体，利用好嘎查活动场所、党员中心户流动阵地、蒙古包大讲堂等，依托主题党日、集中

---

① 许美芳，王英楠．“党员中心户＋协会”：牧区基层党建的创新举措［J］．实践（党的教育版），2017（7）．

② 于诗桐，关晟．大学生“村官”服务新农村建设的现状分析与对策研究［J］．农业经济，2016（6）．

学习、外出考察等形式，开展教育培训；举办嘎查干部培训班。制定了嘎查党支部、嘎查委员会、嘎查党支部书记、嘎查长、其他“两委”成员考核细则，对嘎查“两委”干部进行考评。对嘎查后备干部实行动态管理，坚持能上能下、备用结合原则，每年对后备干部进行考核，对连续两年不称职的，取消后备干部资格。

严把选人用人质量关，阿巴嘎旗大力选拔政治素质、发展本领、协调能力、服务水平、作风品行“五过硬”的人员进班子，在“两委”成员正式候选人提名环节，严格执行“两联审”制度（苏木镇审核后，旗县公检法等部门协同审核），严把人选政治关、能力关、法纪关、廉洁关、口碑关“五道关”，防止“十三不宜”人员进班子，确保选优配强嘎查“两委”带头人。

（三）对嘎查党支部实行“十星级”管理，深入开展支部共建活动

按照“基层党组织自评、党员群众测评、苏木镇党委初评、旗委组织部总评”的程序，对嘎查党支部实行“十星级”管理，确定示范嘎查，并按照10%的比例倒排三类嘎查，建立示范嘎查和三类嘎查台账，对相对后进（软弱涣散）嘎查党支部，采取安排集体经济发展试点项目、有针对性地调整联系单位和联系领导等方式，加强引导，实现转化升级。同时，制定了嘎查党支部、嘎查委员会、嘎查党支部书记、嘎查长、其他“两委”成员考核细则，将日常考核与年度考核相结合，将考核结果与评优评奖相挂钩，有效提高了嘎查干部工作的主动性、积极性。

以“手拉手活动”为切入点，探索创建以“组织机构一体化、党员教育服务一体化、工作机制一体化”为主要内容的“社区与嘎查党组织、驻社区机关单位党组织共建模式”，阿巴嘎旗有效整合社区、进社区机关单位与嘎查党组织党建资源，形成了以共建党工委为核心，以社区党总支、退休人员党总支、进社区单位党总支、结对共建嘎查党支部为中心，以总支下设的各支部为基础的城镇区域化党建工作组织体系，取得了“小社区、大共建”的良好效应。新右旗开展“军警民企地”支部共建，形成共建稳边合力①。这一模式不仅稳固了祖国北疆边境，更为牧区充实了服务力量。新右旗所有嘎查均在旗政府所在地设立了嘎查驻旗活动室或嘎查社区联建党群服务中心，建成集办公议事、学习教育、代办服务、文娱活动于一体的多功能综合体，使其成为凝聚服务群众的重要阵地。

---

① 许美芳．携手同心戍边关 [J]．实践（党的教育版），2018（9）．

（四）发挥党员中心户、北疆红色堡垒户在牧区自治中的示范引领作用

推广集约化管理、适时化服务的党员中心户、北疆红色堡垒户管理制度，取得了非常好的成效①。阿巴嘎旗结合本旗实际，在贯彻执行党员中心户制度的基础上，实施“党员中心户＋合作社”模式，发挥党员中心户的带头致富作用，增强牧区基层党组织建设和牧区自我发展能力。涌现出了别力古台镇阿拉坦杭盖嘎查党员中心户斯琴高娃等“全盟百佳党员中心户”。

党支部、中心户的引领带动、服务管理作用，在哈乐穆吉养老服务中心则是以“党支部＋中心户＋联系户＋牧区老人”的自治管理、互助养老模式体现。哈乐穆吉养老服务中心创办于2014年，是阿巴嘎旗具有“民办公助”性质的养老机构，可为入住的老年人提供餐饮、住宿、文化娱乐和医疗保健等服务。哈乐穆吉养老服务中心老年协会党支部成立于2014年9月。党支部成立后，明确“党建为基、民生为本、服务为要”的工作思路，以党小组送服务、党员送温暖、党课送知识、志愿者送欢乐“四送”工作法为抓手，以中心户为联系纽带，以联系户为协调基础的管理模式，不仅使入住的牧民老人可以参与自治管理，还能够让入住老人在自我管理、自我服务中相互加深了解，互助、互谅、互敬、互爱，实现了牧区党建工作在养老领域的实践创新。

新巴尔虎右旗把北疆红色堡垒户工作置于牧区管理体制改革、牧业经济转型升级和牧民增收致富的大局中推进落实。“堡垒户＋合作经营组织＋牧户”“堡垒户＋特色产业基地＋牧户”“堡垒户＋转型升级家庭牧场＋牧户”模式，是牧区基层党建工作与产业发展的最佳结合点。通过北疆红色堡垒户把基层党建工作与物业生产经营有机结合起来，把培育牧民合作经营组织、推动牧业产业化规模化作为一项重要任务，进一步健全“嘎查党支部＋红色堡垒户＋合作经营组织＋牧户”的服务网格，通过合作经营组织来实现红色堡垒户对牧民群众的联系和服务。

（五）建立健全牧民监督、议事等制度，推广“532”工作法和“三务”公开

根据村民委员会组织法，嘎查制定牧民自治章程，建立健全嘎查牧民大会和牧民代表会议等议事制度，充实完善牧民议事、财务管理、民主理财、审计

① 实践杂志社联合调研组．吉祥草原学习之路——锡林郭勒盟建设学习型服务型创新型党组织纪实［J］．实践（思想理论版），2013（8）.

监督、村规民约等规章制度。建立健全了嘎查委员会向牧民和牧民代表会议每年一次报告工作制度、牧民评议“两委”成员制度。并成立民主理财小组和监督委员会，凡属方针政策方面的重大事项、事关本嘎查的重大问题、大额资金使用事宜、较大工程项目的安排事宜、重要的人事任免事宜等，必须实行集体讨论，民主决策，进一步规划了嘎查级重大事项决策和嘎查财务管理。牧民参与民主管理、民主决策，关心嘎查集体事务的多了，献计献策的多了，很多问题在牧民的积极参与下得到了解决。

各苏木镇嘎查根据各自实际，细化制定村务公开目录，都在醒目位置设立了村务公开栏，坚持每季度公开村务、财务、政务，接受村民监督。对草场划分、土地管理、老人赡养等一系列涉及牧民利益和公共生活等的重大问题，都采取高度透明的方法，民主酝酿，依法决策，让牧民当家做主。

嘎查级重大事务严格履行“五道程序”、依次通过“三次把关”、坚持“两个公开”，促进了嘎查级事务公开、民主、透明，进一步激发了牧民群众参与嘎查级事务的积极性和主动性，牧民群众在嘎查事务中的知情权、决策权、参与权和监督权得到保障。嘎查级“三务”公开得到扎实推进。通过设置公开栏、微信公众平台、微信群及专题会议等形式适时公开嘎查日常事务和涉及牧民利益的重大问题以及牧民群众关心的事项，强化各嘎查的“三务”公开监督机制，让牧民充分行使民主权利。

（六）建立健全牧区公共法律服务体系，切实维护牧区社会平安稳定

充分利用现有条件和设施，在旗所在地设立公共法律服务中心、法律援助中心，在苏木镇建立法治文化广场，在嘎查设立法务室。加快推进牧区基层民主法治建设进程，以普法为契机，以“法治六进”为抓手，打造“法治乌兰牧骑”文化品牌，采取多种形式广泛深入开展法制宣传教育活动。通过开展“法律进牧区”“法律进社区”“送法进校园”“送法进企业”等活动，全旗对以宪法为核心的法律知识进行了较为广泛的普及，牧民的法律意识和法律素养得到普遍增强。

加强牧区人民调解组织机构、制度、机制建设，扎实开展人民调解工作，促进社会矛盾及时化解。通过建立法律顾问服务点、签订法律顾问协议、建立微信群等多种形式，为嘎查（社区）配备法律顾问，组织广大律师积极服务基层社会治理，实现了全旗嘎查（社区）法律顾问全覆盖。嘎查（社区）法律顾问通过参加“两委”会议及日常工作会议，对嘎查（社区）重大决策提供法律意见，从源头上把好法律关，保证嘎查（社区）决策的合法性。嘎查（社区）法律顾问围绕“两委”工作任务，立足基层法律服务需求，

参与处理嘎查（社区）法律事务，为嘎查（社区）的依法治理和群众的法律问题提出专业意见，并接受法律咨询、提供法律援助、开展法治宣传、参与人民调解等工作，在引导牧区干部群众运用法治思维和法治方式化解矛盾纠纷、维护自身权益，提升牧区依法治理水平，促进基层社会和谐稳定方面发挥着重要作用。

（七）以社会主义核心价值观为引领，创新牧区精神文明建设有效平台载体

两旗把宣传和培育社会主义核心价值观作为重中之重，搭建平台，创新载体，依托主题党日、集中学习、外出考察等形式，弘扬中华民族优秀传统文化，加强对党员干部的教育培训；依托旗乌兰牧骑送文艺进牧区活动、苏木镇主题广场、嘎查文化站、党员中心户活动阵地、草原书屋等文化阵地和开设牧民学习讲堂、蒙古包大讲堂、道德讲堂以及制定村规民约等形式，让社会主义核心价值观接地气入人心。苏木镇的主题广场，把社会主义核心价值观与草原文化、文明礼仪相结合，绘制了“图说我们的价值观”“十提倡十反对”等一批乡土气息浓厚、带有地方特色的公益宣传画。

各嘎查文化站根据自身实际，建立不同主题不同特色的展览室。积极推动家庭建设，持续开展星级文明户、文明家庭、最美家庭等群众性精神文明创建活动，实施文明户“五有”工程，规范文明户有牌匾、有国旗、有全家福、有家训、有读书角等“五有”建设标准。通过自我认星、家庭创星、组织评星、审核定星、公示得星、表彰挂星的评选环节，将文明户分为七星级、八星级、九星级、十星级 4 个级别，建立星级文明户一年一审核、文明星级可升可降的届期制动态化管理制度。

开展“身边好人”“最美家庭”“好儿媳”“好公婆”“好邻居”“好妯娌”“百孝之子”等评选表彰活动，在各苏木镇（社区）设立“善行义举”四德榜，发动干部群众在熟悉的人群中挖掘模范，在日常生活里争当好人，弘扬良好家风，形成浓厚的道德文化氛围。

二、内蒙古牧区治理“党建十三治”面临的现实问题

作为内蒙古牧区现代化试点旗，阿巴嘎旗和新巴尔虎右旗在加强牧区基层治理方面也面临着一些亟待解决的问题。

（一）牧区基层治理任务重、难度大的问题凸显

撤乡并镇以来，阿巴嘎旗和新巴尔虎右旗苏木镇管理地域扩大，导致基层

党组织管理幅度和服务半径过大、工作人员少、管理成本过高等问题日益突显。

阿巴嘎旗总面积2.75万平方公里，人口约4.5万人，人口密度为1.64人/平方公里。新巴尔虎右旗总面积2.52万平方公里，人口约3.5万人，人口密度为1.39人/平方公里。两旗都具有典型的地广人稀的特征，行政区域跨度大，具有显著的牧民居住分散的人居地理环境特征，特殊的地域结构带来"边、偏、远"交通不便的问题，同时苏木镇、嘎查服务半径过大，苏木下辖的嘎查村布局分散，各户牧民相距甚远，而由嘎查承担的网格化服务管理、治安防控、矛盾纠纷排查化解等大量基础性工作，都需要投入大量的时间和人力、财力、物力。在两旗工作人员缺乏，应付日常工作都很吃力的情况下，牧区基层治理任务重、难度大等问题凸显。

同时，基层工作岗位吸引力不强，"两委"成员及后备干部后继无人，缺少优秀的嘎查党支部书记、称职合格的财会人员、法务人员的储备，这些都直接影响牧区基层治理的实效。而且，牧区基层治理不仅缺乏人才，也缺乏经费保障。在生态优先、绿色发展导向的高质量发展模式下，新巴尔虎右旗等诸多牧业旗县将被纳入生态功能区，列入限制性开发区域，从而制约一些工矿开发等产业发展项目，势必会影响当地的财政收入，进而影响党建经费保障的力度和可持续性。

（二）牧区基层党组织党建引领能力、嘎查"两委"班子建设急需加强

牧区党组织在突出政治功能、提升组织力、引领基层治理方面的能力还存在不足。调研发现，存在部分党组织负责人主责主业意识不强、党建责任落实不到位等问题，具体表现在部分党组织书记不严格履行党建责任、不亲自过问党建工作，一门心思热衷于项目建设和产业发展，抓不住工作的主心骨和牛鼻子，导致党建与业务工作严重脱节，基层党建工作跟不上，尤其是思想政治工作做不到位，党员和牧民思想涣散、作风疲沓、能力低下，难以抓好项目建设、产业发展等业务工作。

嘎查"两委"学历结构不均衡等问题表明，嘎查"两委"班子建设急需加强。近年来随着农村牧区人口的转移，一些有知识、有文化、有技术的中青年农牧民转移到城镇和二、三产业，嘎查人口老龄化和文化素质偏低的问题明显，造成了嘎查村班子"人难选"的现象。

尽管自治区不断加大对嘎查村干部工资待遇的财政转移支付力度，但是，由于担任嘎查村干部的大多数是生产经营的能人或致富能手，与全身心经营畜牧业、外出务工经商相比，嘎查村干部工资收入还是很低的。与农区相比，牧

区嘎查干部工作压力较大。特别是近年来随着上级各部门工作重心下移，嘎查村级管理服务的事项越来越多，工作任务日趋加重，使工资补贴水平与其所承担的工作任务失衡，致使部分嘎查村干部出现后继无人的问题。

（三）“党建＋三治”的联动机制尚需进一步健全

“三治”工作存在多个部门齐抓的现象，自治由民政部门主抓，法治由政法部门负责，德治由教育和宣传部门负责，还有一些职能分散在人社、财政等部门，牧区基层社会治理的有机融合和联动机制尚需进一步健全。

实行“一肩挑”主要目的是坚持和加强党的全面领导，加强基层组织建设，推进乡村振兴战略，确保党的路线方针政策和决策部署贯彻落实。对一些软弱涣散、缺少带头人的嘎查可以推行“一肩挑”，但是，如果全面推广，在牧区则存在许多困难。调研中，很多基层干部认为这一政策不符合牧区的实际，不适宜“一刀切”式地强制推行，需要考虑牧区嘎查实际和基层嘎查干部的实际。牧区嘎查“两委”负责人很多都是当地的能人或大户，本身发展生产的任务比较重，而且牧区具有点多、线长、面广的实际，强制推行“一肩挑”恐难以适合牧区实际。调研中，受访者集中表达的观点有“牧区不像农区，转嘎查、数牛羊需要做，嘎查工作‘一肩挑’也要做，一个人忙不过来。而且，牧区嘎查干部的工作压力比较大，一个礼拜至少开一次会，路途远来回走就影响家里的生产，雇人费用高，一个羊倌要 4 000 元以上，所以嘎查干部也不愿意‘一肩挑’。即使‘一肩挑’的待遇是现在的 1.5 倍，也大多不愿意干，除非是能力特别强、威信特别高、工作容易开展的那种”。

（四）牧区自治、法治、德治“三治”微观层面的问题还有待解决

牧区地域广阔，牧民虽已定居定牧，但居住地距离较远且分散，交通不便利，集中开会或开展活动难度较大、成本很高。有时无法及时得到牧民大会、牧民代表大会、牧民选举大会以及嘎查委员会等会议召开的通知，也无法及时赶去参与。有些牧民对于牧民自治的理解还不够深、参与意识不强，召集牧民开会难、监督委员会作用发挥不够等原因，导致基层民主决策程序执行不到位。

牧区法治建设中，两旗都存在以下问题：全旗可以担任法律顾问的人员较少；已聘请的法律顾问多以电话咨询、口头提出建议为主，提供书面法律意见的不多；法律顾问参与度不够，对重大决策提前介入不足，其服务多集中于解决纠纷、代理复议或诉讼案件等补救工作上，业务仅限于就案论案，顾问作用发挥不充分，使用频率不高。

牧区德治存在的问题包括：在乡风文明建设过程中，牧民主体自身作用发挥不够明显，牧民的参与性、互动性、自发性不够强；宣传村规民约主要通过广播、展板、宣传栏、会议等形式，宣传载体较为单一；对现有资源还未达到高效利用，与文明乡风建设的基本要求相距甚远。

三、完善内蒙古牧区治理“党建＋三治”工作模式的具体建议

（一）因地制宜从牧区实际出发推进基层治理创新，强化牧区党建的人才支撑

1. 牧区治理创新必须要从牧区实际出发

针对牧区人口居住分散、基层党组织服务半径过大、工作人员不足等问题，需要立足牧区实际，创新牧区治理实践。如，针对牧区基层党组织建设考核指标体系，以延伸基层党组织服务触角、着力破解牧区基层党组织联系服务群众难题为考量，建议对换届选举中的“一肩挑”比例不做强制性要求，可以应用“嘎查委员会主任和成员的党员比例”等指标来考核嘎查基层党组织的影响力和组织力。积极争取中央和自治区有关政策支持，取消对嘎查支部书记和嘎查长“一肩挑”比例的硬性考核要求，做到结合区域实际、嘎查发展实际和嘎查干部个人实际执行。

2. 强化牧区基层党建的人才支撑

加强牧区干部队伍建设，将懂牧业、爱牧区、爱牧民作为牧区干部队伍建设基本要求，拓宽牧区干部来源，鼓励致富带头人、牧民合作经济组织负责人、返乡创业人员、优秀大学毕业生等参与嘎查换届选举。创新培训方式，推行“党支部＋合作社”等工作模式，健全绩效考核机制，多措并举提升牧区干部创业带富能力。

采取多途径选拔、多形式培养、多岗位锻炼的办法，培育一支思想素质好、文化水平高、致富本领强的嘎查后备干部队伍。如，严格把关，有意识地将党员中心户、红色堡垒户作为嘎查“两委”班子后备干部进行重点培养，形成以“储备、培养、任用”为主要模式的嘎查“两委”后备干部培养机制。

将党员中心户的推选条件与嘎查“两委”干部推选标准有机统一，注重从牧业大户、家庭牧场户、合作经济组织负责人、返乡青年和复转军人中推荐选拔党员中心户，为嘎查“两委”储备人才，切实将那些有奉献精神、能带来希望、能带领发展、办事公道的人推选为党员中心户。鼓励党员中心户参加选举，选优配强嘎查“两委”干部队伍。

(二)以"党建+"等多种"融合党建"模式，促进党建与"三治"的有机融合

1. 以"融合党建"提升党建工作的针对性和实效性

"融合党建"是党内组织方式和活动方式创新的有益探索，也是加强党的自身建设，增强党建工作组织力、引领力的重要途径。为适应时代变化和党建引领社会治理的需要，牧区须进一步完善旗、苏木镇、嘎查村（社区）三级党组织联动机制，推进党内组织方式、活动方式创新，扩大基层党组织覆盖面和工作覆盖面。在党组织设置上，要打破原有基层党组织只能按条块、单位建立的封闭模式，推广探索以共同需求为纽带，跨领域、跨层级、跨地域联建共建党组织的模式。在活动方式上，要大力倡导基层党组织联合开展党内活动，探索党员共管、资源共享、学习共搞的活动机制。在工作内容上，既要扎实推进基层党组织标准化、规范化建设，又要努力克服"就党建抓党建"、党建与业务工作和思想工作脱节的形式主义倾向，着力推动党建与业务深度融合，提升党建工作的针对性和实效性，推进"融合党建"的创新发展。

2. 大力推进"党建+"等多种"融合党建"模式

推进"党建+"模式，在嘎查工作中把党建的引领作用体现在业务工作的方方面面，同时通过完成业务来促进牧区基层党组织思想、政治、组织、作风等各方面完善提升，实现党建和业务的联动推进、良性互促。加强教育培训和实践锻炼，培养既熟悉牧区基层党建、又能够在产业发展方面发挥示范带动作用的"双肩挑"人才。重点强化基层党支部在牧区产业发展过程中的引领服务、监督保障等作用。

优化嘎查村班子结构，建设一支能够带领党员服务群众、壮大集体经济收入的队伍。加强培训，使嘎查干部深刻地认识到发展壮大集体经济的重要性。加强集体资产管理，盘活集体资产，在确保资产保值增值的基础上，大力发展"党建+农牧业合作社"等模式，提升合作社对集体经济的贡献率。

强化对嘎查干部和基层牧民的思想引导和教育培训。如，对当前基层主导推动的"富人治村"的趋势，在利用致富能手见识眼界和个人能力的基础上，加强对"富人"嘎查干部的培训引导，合理安排培训学习，提升他们的政治修养和治理能力。针对牧民群体，运用大众化语言，开展意识形态宣传教育，引导牧民牢固树立"四个意识"，坚决维护党中央权威和集中统一领导，自觉维护团结稳定发展大局。

从组织设置、制度规范、班子建设等方面入手，以制度形式明确嘎查党组织及各种组织隶属关系、工作定位、队伍建设和监督管理等，发挥牧区基层党组织对各类组织的领导核心作用。在现有罢免程序之外，明确基层党组织、嘎

查党支部对不称职、不作为、乱作为的嘎查委员会成员的处置机制。推广“村务契约化”管理方式，通过民主签约、依法履约的形式，强化对嘎查“两委”成员的约束和管理。推行嘎查村级“小微权力清单”制度和“四议两公开”工作法（嘎查村党组织提议、嘎查村“两委”会议商议、党员大会审议、牧民会议或者牧民代表会议决议，决议公开、实施结果公开），健全完善上述类似民主决策、民主监督制度，确保管理民主，主动接受群众监督，从制度上严防“一肩挑”滋生“一言堂”。

（三）着力创新方法手段，全面提升“三治”治理水平

牧区治理现代化，离不开方法手段的现代化，应着力创新牧区自治、法治、德治的方法手段，全面提升“三治”治理水平。

1. 进一步深化牧民自治实践

优化嘎查决策机制，推进牧区基层决策科学化、民主化、法治化。推行嘎查村级“小微权力清单”制度和重大事项决策“四议两公开”工作法。适应牧民居住分散、外出务工增多等情况，推动“互联网＋”社区向牧区延伸，做到民情收集、议事协商、公共服务等村级事务网上运行。

继续加强对嘎查的网格化管理，将区域内所有人、地、物、事、组织等要素和服务事项纳入网格。开展牧民自治能力培训是优化嘎查管理和牧民自治关系的切实切入点。在牧民自治过程中，嘎查应该进一步加强信息公开，接受牧民监督，使牧民通过嘎查所提供的各类协商平台，有效有序参与牧区治理，行使自己对嘎查公共事务的参与权、表达权和监督权，从而营造多元共治的良好治理氛围。完善牧民监督委员会制度，逐步提高牧民评议评价在嘎查工作考核中的权重。

2. 大力推进牧区法治建设

推行政府购买服务等方式择优选定法律顾问，把专业能力强、工作作风正的律师吸收进法律顾问队伍；建立政府法律顾问专家库，推进各级政府法律顾问资源共享共用，解决基层和偏远地区优质法律资源匮乏问题；出台统一的政府法律顾问工作规范，明确法律顾问服务内容、服务标准和行为规范及对应责任①。细化法律顾问提前介入范围，明确政府使用法律顾问的条件、要求和责任，促进法律顾问工作制度化、规范化；完善“以事前防范为主，事中控制、事后补救为辅”机制，提升法律顾问参与度，将牧区各项活动全程置于法律规范之下，切实增强牧区依法决策、依法行政的能力和水平。

---

① 高戬生，李鹰，洪利民．法治乡村建设背景下更好发挥村（社区）法律顾问作用的探索与思考［J］．中国司法，2021（2）．

3. 全面提升牧区德治水平

积极培育和践行社会主义核心价值观，充分发挥地方优势，通过身边榜样的示范、村规民约的约束、生活礼俗的教化，引导牧民群众明是非、辨善恶、守诚信、知荣辱，为推进牧区治理现代化凝聚起强大的精神力量①。

加强牧区爱国主义教育和牧民道德建设，提倡讲家乡故事、忆良好传统、传乡音乡情。按照系统性要求，开展牧区读书、红歌诵咏、感恩颂恩、道德实践、传统节庆等有效活动。开展孝敬父母奖、助人模范、“好人榜”等评选活动和宣传平台建设②。引导牧民群众从自我做起，培育高尚情操，养成科学、文明、健康的生活方式和行为习惯。开展牧民道德基本规范教育，推进牧区乡风文明建设。

四、结语

内蒙古牧区现代化试点旗——阿巴嘎旗、新巴尔虎右旗大力推进“党建＋三治”工作模式，其试点示范作用将助推健全党组织领导的牧区基层治理体系，切实发挥牧区党建的引领作用，推动党组织领导的自治、法治、德治相结合的牧区基层治理能力持续提升。

参 考 文 献

高戬生，李鹰，洪利民，2021. 法治乡村建设背景下更好发挥村（社区）法律顾问作用的探索与思考［J］. 中国司法（2）.

郭声琨，2019. 坚持和完善共建共治共享的社会治理制度［J］. 长安（12）.

黄立侠，2015. 加强社会组织建设及管理的思考［J］. 决策与信息（11）.

金磊，2020. 着力营造崇德向善的社会氛围［J］. 奋斗（4）.

实践杂志社联合调研组，2013. 吉祥草原学习之路——锡林郭勒盟建设学习型服务型创新型党组织纪实［J］. 实践（思想理论版）（8）.

王关区，2009. 我国草原牧区经济的改革与创新［J］. 内蒙古社会科学（2）.

许美芳，2018. 携手同心戍边关［J］. 实践（党的教育版）（9）.

许美芳，王英楠，2017. “党员中心户＋协会”：牧区基层党建的创新举措［J］. 实践（党的教育版）（7）.

于诗桐，关晟，2016. 大学生“村官”服务新农村建设的现状分析与对策研究［J］. 农业经济（6）.

① 郭声琨．坚持和完善共建共治共享的社会治理制度［J］. 长安，2019（12）.

② 金磊．着力营造崇德向善的社会氛围［J］. 奋斗，2020（4）.

治理能力现代化视角下的公共危机事件精准治理研究

王利清

2020年，新冠感染疫情暴发，处理这一公共危机事件是对我国国家治理体系与治理能力的一次重大考验。解决公共危机事件是稳定国家安全的一种重要手段，必须在治理能力现代化的指导下，直面公共危机事件治理新态势，探索高效能的治理方式。

一、公共危机事件治理面临的新形势

首先，国家治理理念的新要求。党的十九届四中全会公报及《中共中央关于坚持和完善中国特色社会主义制度推进国家治理体系和治理能力现代化若干重大问题的决定》指出“加强系统治理、依法治理、综合治理、源头治理，把我国制度优势更好转化为国家治理效能”，对公共危机治理提出了总体要求和政策设想。党的十九届四中全会明确提出了“健全公共安全体制机制”的总任务，同时也明确了“完善国家安全体系”的总目标。这是创新我国公共危机事件治理方式的纲领性指引。公共危机事件的治理是国家治理体系和治理能力现代化的重要内容，我们应该依据“四个治理”原则创新公共危机事件的治理机制和实现路径。在此背景下，如何有效推进公共危机事件治理创新，实现公共危机事件的治理体系与治理能力现代化是亟待解决的现实问题。

其次，总体国家安全观的指引。十九届四中全会提出“坚持总体国家安全观，统筹发展和安全，坚持人民安全、政治安全、国家利益至上有机统一”。这次提出的“统筹发展和安全”有别于我们过去一直谈论的“改革、发展、稳定”。从这一变化中可以看出，中央对于国家安全重要性的定位已经上升到一个新阶段和新高度。十九届四中全会从国家安全的战略高度强调了安全治理问题，并从国家安全的战略高度定位应急管理，而且对公共危机事件的治理能力现代化赋予了更高要求，这对我国公共危机事件治理的发展提供了及时有力的指引。我国目前面临着国内外公共危机事件明显增多的严峻复杂局面，坚持总体国家安全观要求我们必须完善社会治安防控体系，使公共安全机制可行，开创基层社会治理新格局。当前，我国已经进入新兴风险的时代，自然风险和人为风险是我们必须面对的公共危机风险，因此公共危机事件的治理方式应该在总体国家安全观的指引下进行改革创新，在维护国家整体安全这一战略高度上不断创新公共安全治理理论、最大限度整合各层面资源，建立公共危机事件前、事件中和事件后的一整套风险治理体系。

最后，国家公共安全治理体制的新变化。2018 年 3 月 17 日，十三届全国人民代表大会第一次会议表决通过《关于国家机构改革方案的决定》，将原来的 13 个应急管理部门组建成应急管理部，并列为国务院的组成部门。应急管理部的成立打破了过去以条块分割为特点的碎片化应急管理体系，应急事件的管理由应急管理部牵头，其他部门协同辅之，实现了由过去的综合协调型治理向独立统一型治理的转变，提升了应急事件协同统一治理的绩效。从机构设置层面看，以前负责应急事件管理的机构是政府办的内设机构，而作为国务院组成部门的应急管理部是政府组成部门，机构级别的提升体现了党中央对我国应急事件治理的高度重视，并凸显了保障人民生命财产安全的重要性，折射出以人民为中心的治国理念，标志着我国应急管理进入了一个新的局面。应急管理部的成立有利于统一公共危机事件的管理行为标准，强化应急救援力量的协作并提升公共危机管理行为的科学性和规范性，为我国公共危机事件的治理提供了新的体系和模式。

二、公共危机事件精准治理的提出

（一）治理能力现代化与公共危机事件精准治理的契合性

治理能力现代化是指不断适应社会主义现代化建设的需要，增强按照法律和制度治国理政的本领，把各方面制度优势转化为管理优势。习近平总书记在中央政治局第十九次集体学习中就应急管理体系和能力建设提出了“四个精准”的总要求，这表明党中央对公共危机事件的精准治理要求更加明确，精准治理已经成为新时期我国公共危机事件治理机制创新的基本诉求。精准治理是以全面精准的个体化信息集成为基础，以科学严谨的信息挖掘分析为前提，以历史最佳的政策知识推理为参考，以相宜有效的政策匹配为目的的治理体系和治理能力的创新再造过程。精准治理能够通过严密的调查分析，精准明确地获得治理对象与治理环境的相关数据，能够准确地针对治理问题分析原因，进而周密地规划治理方案，因此能够使政府治理实现预知，特别是在突发公共危机事件发生时，能够预知危机事件的风险性、提供可选择的可行对策、预判对危机事件治理的效果，使得政府明确所治理的对象，提升政府治理的效能。公共危机是人类社会的伴生物，尤其在当代，正如乌尔里希·贝克所言，危机已经以前所未有的广度和深度将人类社会带入了“风险社会”。治理能力现代化要求公共危机事件的治理达到法治化、精细化、科学化、制度化、规范化、程序化、高效化等基本要求。

（二）公共危机事件精准治理之要义

司汉武的精准社会理论认为，精细化是现代社会的一个重要特征，精准社会是以精简、合理、优质高效为原则的社会，“精、准、细、严”是精准社会的核心要素。其中，“精”是目标，追求最优的质量和效果；“准”是信息准确与决策合理正确；“细”是执行细化，重视细节；“严”是严格要求，严格纠正偏差。精准社会理论为当前公共危机事件的治理提供了相应的理论支撑，在复杂多变的社会环境中，公共危机事件的精准治理应以问题为导向，精准识别问题、精准实施政策、精准解决问题、精准实现目标，从而适应我国当前构建国家治理体系和实现治理能力现代化的总目标。公共危机事件的精准治理主要包括以下几方面。其一，在决策层面，精准治理体现集中统筹与分布式决策管理的统一。集中统筹管理需要严格遵照中央政府的指挥，发挥“集中力量办大事”的制度优势，形成各部门协同高效的“全国一盘棋”。但是，公共危机事件的治理往往处于一种非程序化决策的紧急状态，面对危机事件，高度中心化的决策应该让位于更高效率的分布式管理。发挥分布式管理决策效能需要先明确地方决策者的责权，在责权一致的情况下，以精细化的社会管理工具高效率作出准确的临危决策，解决社会矛盾。其二，在权力配置层面，精准治理应该提升层级间权责配置的科学性，严格权力运行，细化执行标准，防止出现权力碎片化、干部执行力不足的现象。其三，在运行模式层面，精准治理应重视科学化治理，强调治理方式的科学性、合法性与精确性，以开放、包容、共治、共享的治理模式实现治理的法治化、科学化与制度化。

三、公共危机事件精准治理之构建

精准社会理论认为，精准社会所具有的特征为文化知识的科学化，劳动的技术化和生产的工业化，制度的操作化、精细化和人性化，产品质量、性能、规格以及社会服务的标准化，组织和社会管理的精细化，时间的精确化和空间的职能化。从精准社会理论导向来看，制度基础精准化、治理过程严格化、政策实施规范化是实现公共危机事件精准治理中精准识别问题、精准实施政策、精准解决问题、精准实现目标的关键路径。因此，本研究依据精准社会理论主要从制度设计、政策实施、治理方式等方面来论述精准化公共危机治理的建构，以期解决公共危机事件治理中存在的问题。

（一）精准治理的平台：制度基础精细化

制度设计层面精细化是公共危机事件精准治理的重要因素。通过制度的精细化实现公共危机事件依法治理、综合治理与源头治理。公共危机事件精准治理的制度建设需要政府充分发挥主导作用，尤其在决策与领导方面起到主导作用。政府要依托公共资源和公共权力配置，从制度的顶层设计上创新公共危机事件精准治理体系，并以几个关键制度为重点。其一，公众参与平台与风险教育制度体系。社会公众是政府行为的相对方，具有双重角色，他们既是政府治理行为的服务对象，又是政府公共危机事件治理中的合作伙伴。就当前的公共危机事件而言，社会公众不仅是精准治理体系中的参与者，而且可能是公共危机事件的原发性要素。因此，政府要建立严格的常态化制度培育社会公众识别风险和管控风险的能力。同时，政府要通过法律体系强制规范和约束社会公众的行为，用严格的惩罚手段和有力的执行方式提高国家对公共危机事件预防预控的能力。其二，不同主体之间的沟通协商制度。随着公共危机事件日益复杂化，政府单一治理方式容易导致政府失灵现象的发生，出现政府信任危机。实现公共危机事件精准治理要求构建并完善政府与其他社会主体之间、各社会层级之间的协商合作制度，并且要积极吸纳社会智库、大学与科研院所的人才，准确、系统地研究公共危机事件发生的原发性要素和促发性要素，为公共危机事件的精准治理提供智力支持，提高政府解决公共危机事件的自组织能力。

（二）精准治理的路径：治理过程严格化

当前，我国公共危机事件治理主要是将防灾、减灾、救灾联结起来的完整过程，缺乏将这一整体过程进行循环。公共危机事件的精准治理首先强调严格遵循治理过程的整体性与循环性。公共危机事件的治理是将防灾、减灾、救灾联结起来的完整的危机治理循环过程，具体明确为预防、减缓、准备、响应、恢复等环节。这些环节在实际治理过程中形成公共危机风险预防预控、应急处置和事后恢复重建等三个主要部分，它们之间是相互关联、循环往复的。它们之间的无缝对接形成了公共危机事件精准治理的合作式协同。其次，精细准确分析各种公共危机事件的原发性要素与促发性要素是公共危机事件精准治理的重要内容，它体现了治理方式由过去的“治疗式管理”向“预防式治理”转变。目前的公共危机事件治理中虽然建立了应急预防机制，但大多数情况下形同虚设，缺乏对潜在风险的精准评估，预防手段贫乏，大多数情况下错误地将突发事件发生后的处置、救援与恢复作为公共危机事件治理的重点，从而使得应急管理工作往往处于被动应对的消极状态。治理能力现代化要求在公共危机事件精准治理中不将重点放在对于公共危机事件的应急处置上，而是将治理重点前移，构建以公共危机事件预防预控为核心的协同治理方案。这种预防预控机制建立的目标是通过整合、利用风险可控因素精准地规避不可控风险，因此在预防预控机制中必须精细、谨慎地分析各种公共危机事件的原发性要素与促发性要素，提升公共危机事件的精准治理效能与治理能力现代化水平。最后，当公共危机事件出现在社会中时，应急治理与危机后恢复重建是公共危机事件精准治理的重要内容，这两个时期需要不同层级的部门和机构、各种资源的整合和协调一致。在公共危机事件发生后，很多治理主体将关注点放在了针对“事件后果”做应急预警方案，导致公共危机事件蔓延。在公共危机事件治理中，治理主体应该在“突发事件情景”中探索更合适的应急措施，依据“突发事件情景”制定应急方案，确定危机治理行动举措。

（三）精准治理的保障：政策实施规范化

公共危机事件精准治理要求在治理中严格恪守各项政策与规则，重视政策执行的科学性、合理性与精确性，主动回应与高效执行政策。政策实施的规范化就是指政策实施秉持科学精神，按照科学规则，依照科学规律，进行科学决策，并将公共危机事件治理置于总体国家安全观中，从根本上实现公共危机事件治理的制度化、科学化与合理化。公共危机事件精准治理中政策实施的规范化有两个要点：一是政府实施政策的执行力，它考验的是政府的服务水平；另一个是政府在突发公共危机事件情境下对政策的灵活执行，对更适合的应急计策的探索，它考验的是政府自身的建设水平。新冠感染疫情这一公共危机事件暴发后，中央加强了对疫情防控工作的顶层部署，通过联防联控机制有效解决了防控工作中的紧迫问题。但是从疫情暴发初期来看，很多地方政府没有按照我国突发事件应对法的要求做好系统的风险评估。疫情蔓延期间，很多政府部门采取的应急处置措施不当，上级部门对下级部门的指导、监督不到位，并且多次出现信息上报不及时不准确的情况。在公共危机事件治理过程中一个重要的问题就是政策执行的规范性偏失，政策执行缺乏法律监督与保障。虽然突发事件应对法是属于非常态行政法律制度的基本法，但我国现行宪法中并无“突发事件”这一表述，这反映了立法逆位的现象，使得上下位法的关系不协调。并且目前缺乏配套的应急法律规范，特别是缺少有关应急情况下的特殊行政程序。因此，在公共危机事件的治理中缺乏对应急权力的法律监督与对失范行为的惩戒。所以，应加强对突发事件应对法的补充和修正，完善健全应急事件相关法律规定，通过严格的法律条文规范、约束公共危机事件治理中的行为，提升公共危机事件治理的效能，最大限度减少公共危机事件对社会经济发展带来的影响。

参 考 文 献

李大宇，章昌平，许鹿，2017. 精准治理：中国场景下的政府治理范式转换［J］. 公共管理学报（1）.

司汉武，2014. 知识、技术与精细社会［M］. 北京：中国社会科学出版社.

乌尔里希·贝克，2004. 世界风险社会［M］. 吴英姿，孙淑敏，译. 南京：南京大学出版社.

袁明旭，2018. 国家治理体系视阈下公共危机治理现代化研究［J］. 贵州社会科学（3）.

郑言，李猛，2014. 推进国家治理体系与国家治理能力现代化［J］. 吉林大学社会科学学报（3）.

科尔沁左翼中旗农村环境整治问题研究

赖敖日格乐

我国是一个以农业为主的国家，随着科学技术的发展，农业生产中的科学技术含量也在不断提高。同时，农业生产的发展对农村的环境也造成了很大的负面影响，使得农村的环境质量越来越差。目前，农村地区的环境污染已经成为国家三大环境问题之一，引起了全球的广泛关注。中共中央、国务院2018年印发的《乡村振兴战略规划（2018—2022年）》明确指出要将村庄面貌改善、垃圾污水治理作为重点，集中推动农村人居环境改善①。《农村人居环境整治三年行动方案》也在同时期印发，提出截止到2020年，要实现农村环境状况显著改善，居住环境干净整洁②。

农村地区的环境污染是指在农业生产中，灌溉等对土壤和土壤水分、空气等造成的污染。近几年，中央把“三农”工作作为一项重要任务，加快了农村经济的发展。但是，由于化肥、农药、农膜的使用数量剧增，畜禽养殖规模的扩大，饲料添加剂的过量使用，农村生活污水、生活垃圾的无序排放，农村的环境负担急剧上升，农村生态环境、农产品安全问题日益突出。如果不妥善处理，不仅会给人民的生命和健康带来巨大的危害，而且还会影响整个社会的和谐发展。对农村环境污染进行防治已经成为当务之急。

一、相关概念与理论基础

（一）相关概念

1. 农村人居环境

人居环境是指人们聚集在一起生产生活的地域空间。吴良镛认为，人居环

---

① 中共中央　国务院印发《乡村振兴战略规划（2018—2022年）》，http：//www.gov.cn/gongbao/content/2018/content_5331958.htm，访问时间：2022年3月26日。

② 中共中央办公厅　国务院办公厅印发《农村人居环境整治三年行动方案》，http：//www.gov.cn/zhengce/2018-02/05/content_5264056.htm，访问时间：2022年3月26日。

境是指人类居住生活的自然空间，它与人类生产生活息息相关，既是人在地表空间中生存的基础，又是人利用和改造自然的主要场所[①]。从广义上来讲，人居环境既包括硬件条件，如居住条件、绿化美化、基础设施等，又包括软件环境，如社会交往、心里归属感等。从狭义上来看，人居环境是指人类生存所依赖的物质条件。狭义的农村人居环境是指影响农村居民生产生活的物质条件，如居住条件、道路状况等。本文的研究基于狭义的农村人居环境概念。近年来，国家高度重视农村居住环境治理。做好这项工作，可以满足村民对美好生活的向往，对乡村振兴具有重要意义。近几年发布的政策所针对的农村人居环境包含农村垃圾污水治理、村庄全面规划、村庄面貌提升、农村户厕改造等方面。因此，本文的研究也主要基于这一范畴进行，涵盖与村民生产生活密切相关的垃圾污水处理、村容村貌提升、农业面源污染防治、“厕所革命”。

2. 农村人居环境整治

农村人居环境整治工程，是指新时代下我们党有计划、分阶段推进的，以改善农村生态环境为基础，以改善农村民众生存质量为目的，促进乡村人居环境优化提升的系统性工程。农村人居环境整治的重点就是针对人们生产生活中的各类限制性要素，如环境、居住条件等进行现代化改造，提高环境的卫生水平和整洁度。在这个过程中，需要注意调动社会各方力量（政府、企业、个人）的积极性。通过科学规划、有序推进、工业升级和农业优化，创造低排放、零污染、可持续的农村生产生活环境，打造新时代宜居农村。孙慧波（2018）认为环境卫生状况、基础设施建设及房屋状况共同组成了农村硬环境，但在农村人居环境整治中更重要的是创造与经济基础相配套、成本可负担的软环境，特别提出要增加公共服务供给[②]。于法稳、郝信波（2019）强调乡村人居生活环境保护整改工作应当充分考虑整改地区的自然环境、社会条件和经济基础情况，避免村落的同质化[③]。本文立足于研究地区农村人居环境整治实际，涉及的环境整治内容主要有生活垃圾、生活污水、厕所以及公共服务设施的改造优化。

（二）理论基础

1. 可持续发展理论

可持续发展是指在满足当代人发展需求的同时，又不对后代人的发展需求

---

① 吴良镛. 人居环境科学导论［M］. 北京：中国建筑工业出版社，2001：38.

② 孙慧波. 中国农村人居环境公共服务供给效果及优化路径研究［D］. 北京：中国农业大学，2018.

③ 于法稳，郝信波. 农村人居环境整治的研究现状及展望［J］. 生态经济，2019（10）：166－170.

和满足其需求的能力造成较大的压力[①]，使得子孙后代能够对自然资源永续利用。可持续发展理念与环境保护既有密切的联系，又存在着较大的不同，可持续发展理念是以发展为核心，环境保护是可持续发展理念的重要部分。

可持续发展的核心就是发展，农村环境整治的可持续发展就是要保护好农村居民赖以生存的生活环境，在农村经济发展过程中毫不放松地保护环境，同时要在人口、社会、生态方面系统综合地发展[②]，合理开发利用自然资源，实现农村居民与农村生态的和谐发展。在农村人居环境整治的过程中，要贯彻落实可持续发展理念，既要实现农村的发展，又要保证农村人居环境的可持续利用，避免自我毁灭式发展，农村经济的发展不能以牺牲环境为代价。农村人居环境整治的可持续发展是美化农村环境与提高农民生活质量齐头并进，打破环境整治过程中的失衡因素。

2. 协同治理理论

协同是指在自然和社会中，各个系统中的各个子系统或单元之间的联系，也就是说，如果这些子系统或单元能够互相影响，并且能够构成一个整体，那么，便存在着协同。自然组织理论与协同效应是研究协同理论的重要内容。哈肯在他的《协同学：大自然构成的奥秘》中指出，由无序向有序的转变是由多个因素的相互作用而形成的，这种自组织的过程被称为协同[③]。探索协同全过程的就是自然组织理论，混乱的状态将在系统的指引下，变为有序的状态。组织状态的变化可以分为被动和自然两种，也就是说，它们并不是按照系统的规则来进行的，而是需要外部的帮助。当一个系统中的多个子系统相互影响时，整个系统的响应就被称为"协同"。要了解一个系统是否能满足协同的要求，就必须要确定系统中的各个子系统与整体之间的变化方向和条件是否一致，并且要有朝着一个统一的方向改变的能力。如果系统各部件的差别太大，超出了协同作用的范围，则其综合效应对总体的影响是非常小的。

长久以来，统治思维策略制约着各部门间的互动，而治理策略的兴起则突破了这一藩篱，合理地利用协作打破了政府单独应对的状况，允许各种社会声音的出现。在建立了统一的目标之后，各个部门都能发挥各自的长处，实现各自的目标。具体的治理策略实践主要体现在政府部门等权力机关与社会团体具有同样的权力以进行协作指导。目前，我们的终极目标，就是要使社会朝着更好的方向发展。协同治理既可以加强社会团体与政府机关的协作，也可以增强公众对政府机关的认同。

---

① 王之佳．我们共同的未来［M］．长春：吉林人民出版社，1997：10.

② 叶文虎．可持续发展引论［M］．北京：高等教育出版社，2001：315－319.

③ 赫尔曼·哈根．大自然成功的奥秘：协同学［M］．上海：上海译文出版社，2018：143－144.

协同治理是一种新的理念，它是在长期的实践中发展而来，它的核心是对公共事件做出协同治理。协同治理并不是单一的政治实体，而是一个由政府、社会团体等多种主体构成的体系，它反对等级制度，提倡主体之间平等，以及大众以多种方式参与[①]。因此，把协同治理界定为开放体制，通过法律约束、政策限制、经济约束等手段促进各个子系统间的合作，最终实现整个系统的秩序，从而实现社会公共事务的高效管理，促进社会的和谐发展。通过对国内外有关文献的分析，可以看出，协同治理的主体是多变的。虽然政府是“主办方”，但“主办方”并不限于政府（也可以是其他的社会组织），需要公众的支持才能保证它的效力。既然是要让各个系统的各个部件互相影响，那么就意味着没有一个部件能够独立地管理整个体系。协同治理表现为内部自治，即各个环节突出其优势，促进了总体的完备。在开放式系统中协同治理很容易受到外部环境的影响，因而不能回避变化的发生，故协同治理是一个动态的、不断变化的过程[②]。

二、科尔沁左翼中旗农村环境整治现状

（一）科尔沁左翼中旗基本情况

科尔沁左翼中旗位于内蒙古东部、松辽平原西部、科尔沁大草原的中心地带，是通辽市的一块金三角地带，且位于内蒙古、吉林、辽宁三个省份的交界处。

科尔沁左翼中旗属中温带大陆性季风气候，具有明显的四季特征。春季气候转暖迅速，风沙大、温差大、降水较少；夏天高温，降雨密集，雨热同步；秋天降雨迅速；冬天干燥、寒冷。气候干旱，沙尘暴多发。全旗地下水资源十分丰富，年均地下水储量为 6.73 亿立方米，年均可用量为 5.2 亿立方米。地下水的流动方向与地势趋向一致，总体趋势为自西向东、自西北向东南流动。这里盛产玉米、大豆、葵花、小麦、高粱、水稻、花生等，年粮食产量超过三十亿斤，是全国和自治区的重要商品粮基地。全旗家畜总规模达两百万头，被誉为“黄牛之乡”，是国家优质肉牛生产基地，是国家牧草示范旗。

受地理环境和自然条件的制约，各种自然灾害时有发生，尤其是中华人民共和国成立以前，自然灾害频发，对人民的生活产生了很大的影响。中华人民共和国成立以后，各级人民政府都在积极地进行自然灾害预防工作，增强了当

① 于水．多中心治理与现实应用［J］．江海学刊，2005（5）．

② 埃莉诺·奥斯特罗姆．公共事务的治理之道［M］．上海：译文出版社，2012：7.

地的防灾意识，降低了灾害造成的损害。在旗境中，最常见的自然灾害有旱灾、冰雹、雪灾、虫灾等①。

（二）科尔沁左翼中旗环境整治的主要内容

1. 农村“厕所革命”

目前在科尔沁左翼中旗内，无害化厕所还未达到全覆盖，农村厕所改造仍然是一个整体性问题，主要涉及三个时期，即前期粪便收集、中期粪便处理以及后期厕所管理与维护，需对粪便处理的每个阶段存在的问题逐一解决，满足农村居民的多样化需求，根据村庄的不同特征选择不同的改厕模式。科尔沁左翼中旗农村住房多为平房，但随着经济水平的提升，房屋结构变得复杂多样，应根据不同家庭住房结构，选择不同的厕所改造模式以及安装位置。在村庄集体活动中心内安装公共厕所，同时要考虑老人跟其他行动不便人群的使用，方便不同人群。

村庄对于无害化厕所的普及步伐不一致，对于粪便的处理亦存在不同。经济水平较高、发展较为迅速的村庄，会建立起遍布全村的污水管道，粪便可以通过污水管道排入污水网，集中统一进行处理；对于安装三格化粪池厕所、双翁漏斗式厕所的居民来说，当粪便发酵后，可以直接将其当作有机肥入田地，既保护了土地，又避免了环境污染；而安装污水收集防漏罐的居民，需要安排专人定时进行清理。前期粪便、污水收集完成后，运输到集中统一的处理机构进行净化，待达到防污标准之后再进行排放。对于后期厕所的管理与维护，不能全部依靠政府资金的投入，成本过高容易导致政府财政系统陷入困境，此时就可以借助村庄发展的特色农作物，吸引企业进入农村发展，适当将资金投入厕所管理与维护当中，既可以加快农产品的流通，也降低了政府负担，方便了村民生活，保护了生态环境。

科尔沁左翼中旗将农村居民厕所改革列入政府重要工程，加强排查整改力度，推动改厕工作重心由重建向重管转变。针对农村厕所改革后续问题，政府出台了专门的政策将工作落实中出现的问题积极有效解决，保证厕所改革效果长久。

2. 生活垃圾治理

在人类生产生活的过程中必定会产生相应的废弃物、生活垃圾，处理好生活垃圾对于农村人居环境整治具有重要意义。

目前乡村已经设立了专门的垃圾处置点，乡镇领导对于环境保护工作高度

① 科左中旗政务网，http：//www.kzzq.gov.cn/kzzq/ydd/ydd_index.shtml，访问时间：2022年3月30日。

重视，对于存在问题的一些垃圾桶、垃圾箱、垃圾车等进行集体统一维修。对管护不到位、不及时的盲点、难点积极汇报上级领导，上下级部门一起来推进农村人居环境整治。经过规范管理，生活垃圾的处理变得有规律，乱扔乱丢现象得到很大缓解，空气质量亦有所提高。村与村之间的垃圾转运配套设施基本完善，可以服务多个村庄，大大提高了效率。从前一些农户因为住宅偏僻、距离主街道较远等，会为了省时省事直接将垃圾倾倒在田地、水沟等地方，现在科尔沁左翼中旗积极响应国家关于环境保护的号召，又增加了村里的垃圾处置点，乱倒垃圾现象得到很大改善。此外，严格制止房前屋后乱搭乱堆，要求村民对于家禽粪便及时处理，将环境保护理念贯彻到底。

3. 生活污水治理

水是生命的源泉，水的质量安全与居民生活息息相关，水的质量如何决定了生活质量的好坏。在农村里，生活污水多数来源于农村居民生活用水，对生活污水进行规范处理，不仅有利于农村居民的身心健康，对更是有助于农村人居环境整治。

在农村地区，水资源没有得到有效保护，对生活污水随意排放、随意倾倒行为缺少有效管理。农村生活污水的合理规范处理，对农村土地、农村水源保护都有重要意义。科尔沁左翼中旗政府在 2020 年发布的 1 号文件中提出要依次进行农村生活污水处理，开展臭黑水整治；在 2021 年 1 号文件中也提出统筹推进农村生活污水治理。在治理的过程中要针对村庄所处的地理位置、周围村庄分布、住宅结构，因地制宜建设污水处理设施。农村地区生活污水的治理不能单单依靠政府力量，农村居民作为农村的主体要充分发挥自身作用，污水治理要从自己做起。村委、党员要发挥模范带头作用，用合理排放污水的行为带动周边邻居，逐步规范污水排放方式。此外，还应加强对生活污水乱排的处罚力度，完善农村生活污水处理政策，打造山青水清的美丽乡村。

4. 农村公共服务设施建设

科尔沁左翼中旗近几年发展趋势向好，具有较大发展潜力，农村公共服务设施较为完善，已覆盖农村居民生活的方方面面。当前每个村庄内都修建了广场，广场舞应声而起，丰富了农村居民的休闲时光。每个村庄的经济条件不同，有些经济条件较好的村庄服务设施相应齐全，超市、卫生室、小商店等设施齐备，为农民生活提供了较大便利；而经济水平较低、地处偏远的村庄，会三五个村庄联合在一起，与所属行政村共同使用基础生活服务设施，亦可以满足基本日常生活需要。

笔者调研了解到，村庄内普遍缺少幼儿园、小学，小学和初中都集中在镇里，三四个村庄中，往往只有一个幼儿园，村中适龄孩童受教育较为不便，因此还导致了一些不必要的开支，对农民生活影响较大。

随着人口老龄化的到来，农村养老问题亟待关注。而调研了解到，各村庄中几乎没有养老机构，这对于老龄化程度不断加深的农村来说，不利于养老工作的展开。下一步要根据实际需要，相应改造养老服务设施，针对各个地区老龄化程度不断增加养老机构。与此同时，医疗卫生事业要紧跟当前的发展趋势，为农村居民身心健康提供可靠保障。

（三）科尔沁左翼中旗农村环境整治成效

1. 无害化厕所覆盖率明显提高

目前，科左中旗无害化厕所的使用率明显提高，正普及到家家户户，根据村庄所处地理位置、结合地域特点，因地制宜地选择适合当地的厕所改革模式。在村委监督、村民自觉的良好氛围下，农村厕所已经基本实现无害化，已经告别夏季臭味弥漫、虫蝇漫天的恶劣局面。一方面，建立了适合农村的监督制度，加大对厕所改革工作的监督力度，及时对厕所改革过程中发生的困难点进行处理，掌握厕所改革进度。另一方面，建立亲民利民的激励制度，同时制定惩戒制度，严格规范农村居民对于厕所的使用，将厕所改革纳入农村人居环境整治考核内容之中。对于全面完成乡镇考核目标的行政村给予奖励；而对阻碍厕所改造，影响农村人居环境整治工作进度的，依照规章制度追究有关人员责任，合力打造农村宜居环境。

2. 生活垃圾处理方式逐步规范

经过乡镇领导、村党委、村委以及村民集体的努力，农村胡同、小道的垃圾乱堆问题已经得到处理，农村人居环境整治工作已经落实到家家户户。在农村垃圾清理过程中，对于以前未涉及的犄角旮旯都进行了彻底清理，无死角的全面处理使得农村面貌焕然一新。生活垃圾的逐渐规范处理，得益于生活垃圾处理设施的完备、村民环保意识的提高。在环保意识的推动下，农村居民自觉规范放置生活垃圾，并相互监督维护街道环境，确保生活垃圾入池入箱，规范生活垃圾处理，保持农村人居环境的整洁。笔者调研时走访了几个村庄，通过村民指引来到环境整治以前的“垃圾坑”“垃圾河”“垃圾沟”，发现这种现象得到了较大改善，随意倾倒垃圾的现象正在慢慢减少，生活垃圾的处理方式正在逐步规范，农村人居环境正在逐步向好发展。目前调研村绝大部分地区已经做到无堆积垃圾、无私自倾倒现象。

3. 加大水质治理保护工作力度

国家对于环境的重视程度日益提高，对于环境质量的要求也越来越高，科尔沁左翼中旗积极响应国家的号召，开展水资源保护工作，加大水污染处罚力度，大力开展净水等工作。水资源是自然生态空间的重要组成部分，做好水质保护工作尤为重要。科尔沁左翼中旗落实水质保护政策，明确水质保护责任，确保农村水质持续向好发展，严格落实环保工作，逐步完善水资源安全防控体系，制定水质保护应急方案，做好水质保障工作。对污染严重、破坏水资源的企业进行整改，在项目审核过程中对与水质保护理念相悖的项目拒绝审核通过，并且进行明察暗访，避免污染严重的小工厂、小作坊私下活动，从根本上进行水质保护。

4. 农村公共服务设施逐步完善

近几年来，党和国家不断下达惠农政策，扶持乡村发展，推动农村进步。农村公共服务设施逐步完善，教育、科技、文化、卫生等方面都有较大进步，为农村居民生产生活提供了更多便利。农村公共服务设施与农村居民的物质生活和精神生活联系紧密，农村公共服务设施种类不断丰富，农村居民生活水平亦不断提高。

科尔沁左翼中旗近几年不断提高幼儿园与小学教学质量，加强幼儿园与小学卫生、安全管理，适当增加幼儿园与小学数量，扩充幼儿园与小学规模，农村的教育覆盖面正在逐步扩大；努力补齐养老服务短板，提升养老服务社会化成效，培养养老服务专业人才，强化养老相关制度建设，增强养老制度执行力。

三、科尔沁左翼中旗农村环境整治存在的问题

（一）农村人居环境整治模式单一

科尔沁左翼中旗所辖 20 个苏木镇 516 个嘎查村情况各有差异，开展农村人居环境整治本应注重“因地制宜”，但在实际整治过程中还存在整治模式相对单一的问题。

该旗的农村人居环境整治呈现出城市化、样板化的趋势。一方面，在农村人居环境整治中存在照抄照搬城市模式的情况。例如在生活垃圾治理方面，与城市不同，农村的一些瓜果皮、剩菜剩饭等易腐垃圾，本可以通过沤肥等方式实现有效治理。但是在实际开展农村生活垃圾治理的过程中，部分镇村并未结合农村实际做好源头分类处置。大部分农村生活垃圾尚未分类便直接转运集中处理，这无疑增加了垃圾转运和处置等成本，造成了一定程度的资源浪费。在生活污水治理方面，城市的生活污水处理一般是通过管网输送统一处理，将这种处置方式应用到农村，会因为高昂的设施设备购买和维护成本，对乡镇造成较大的经济负担。据相关单位提供的测算数据，农村生活污水处理设施村均建设成本为 27 万元，农村生活垃圾处理设施村均建设成本为 6 万元，农村生活垃圾收运处理费用村均 2.3 万元/年，这些经费目前都是由政府一力承担支出，

经济负担较重[①]。该旗在乡村风貌改造方面，也存在兴建健身步道、休闲广场等趋同于城市人居环境建设的做法。另一方面，各个村庄人居环境整治模式高度同质化，风貌改造跟风雷同。有部分乡村按照区、镇、村各个层级的示范点建设，"依葫芦画瓢"套用到自身人居环境整治中来，没有充分发掘自身的特色。

（二）各项重点任务推进不均衡

虽然科尔沁左翼中旗通过农村人居环境整治三年行动，完成了最初制定的农村人居环境整治目标计划，但是各项重点任务的实施效果却参差不齐。在农村人居环境整治中，农村生活垃圾治理、"厕所革命"与一般农户的生产生活关系更为密切，因此，无论是群众参与程度还是推进效果都较其他重点任务更显优势。调查显示，在农村人居环境整治各项重点任务中，参与度排名前三位的项目分别是村容村貌整治、生活垃圾治理、厕所改造，满意度也在前列，这几项重点任务推进成效较为显著。相应地，农村生活污水治理由于大多是请专业技术公司来兴建污水处理设施、铺设污水管网等，且更集中于乡镇区域，覆盖率不高，参与度仅为24.38%，相较于其他重点任务，推进效果较差。村庄规划编制参与人数占比仅有26%，村民参与度、知晓率低。在农村人居环境整治中，除了要改善农村的人居硬环境，即农村基础设施等，更要注重改善农村的人居软环境，要强化人居环境中的"社会系统"建设，大力推进城乡基本公共服务均等化。对科尔沁左翼中旗516个嘎查村的走访调查显示，在公共服务硬件方面，科尔沁左翼中旗所有的嘎查村都配备了卫生服务能力达标的卫生室，也不同程度地配备了文化服务、宽带互联网、广播电视等基础设施。与农村教育、医疗等公共服务基础设施的逐步完善相对的是，教育、医疗等服务能力城乡差距的进一步增大，农村人居软环境的发展速度难以跟上人居硬环境的建设速度。该旗的教育、医疗资源不断向城市集中，农村小学呈现减少的趋势。

（三）农村环境保护意识薄弱

农村的环保意识比较弱，尽管大部分乡镇都进行了垃圾的集中收集，但是由于没有及时清理，造成了卫生问题，特别是在城乡接合部，卫生条件较差。自然村的生活垃圾收集还没有达到全面覆盖，垃圾的处理设备和处理能力也比较薄弱。且自发的环保社会组织几乎没有，村"两委"协同社会组织参与环境

① 科左中旗人民政府办公室关于印发《科左中旗农村生活污水治理专项规划》（2020—2030）的通知（2021年10月12日）。

治理的案例少之又少。可见，从村“两委”到农牧民个人，协同治理环境的社会化意识有待加强。同时，在农业耕作及村民日常生活方式上存在着较大的污染隐患。在访谈中，村支书说道：“农民一直以来就生活在这样的环境中，早已见怪不怪了，谁还会特意去清理呢？正是因为周围人的不重视，所以在我们这儿关于环保的社会组织也是少见，村委会想找个社会组织协同治理本地环境也很难啊。”

（四）整治过程“重建设、轻管理”

一些地方的干部认为，只要有足够的硬件设备，就能把环境整治工作做好，但没有刚性的约束力，没有奖惩机制，不能很好地调动乡村基层政府和村民的参与积极性，导致农村环境整治效果不佳、出现反复。对此，访谈中一位村民说道：“卫生管理机制是有，但也只是看他们发过几张纸、喊过几天，真正按制度管理卫生的没见着几个，而且对那些环境差的镇村光说说喊喊根本没用。”

农村的环境保洁工作大多停留在村一级，村内保洁与镇转运链条脱节、卫生责任区管理权责不清，对村级卫生保洁没有有效的激励机制，村组很少组织诸如“卫生文明示范户”评比等活动，有的虽然有制度，但也难监管、难评比。最后不管干成什么样，每个人的待遇都是一样的，干得好也得不到相应的奖励，村干部和群众卫生保洁的工作积极性、主动性难以充分调动，影响了村级卫生长效保洁的效果。

四、科尔沁左翼中旗农村环境整治存在问题的原因分析

（一）多元主体参与机制不健全

领导力在村庄环境协同治理中担当催化剂的角色，弱势会导致惰性形成，不利于协同作用的发挥。协同治理系统中充当领导角色的主体要充分发挥催化型领导作用，需要具备促进多方沟通的能力，且要承担相应的责任，进而不断推进协同治理进程。目前来看，在环境治理的各主体中，政府主体占有绝对的资源优势，应发挥能力促进多方协同，但当下政府主体在整个协同治理过程中未能发挥催化型领导作用，影响了协同治理效果。政府因为缺乏协同合作意识，对多元主体的参与动员不足，当前科尔沁左翼中旗村庄环境治理模式仍以单一治理模式为主，相关政策的制定、实施等环节都由镇政府来进行掌握，其他主体起配合作用，因此其他治理主体的主动性和积极性不足。当前环境治理相关政策等都由政府采取行政手段强制性执行，其他参与主体因为没有相应的

权力而处于相对弱势的地位，致使协同治理过程中各主体地位不平等，其他主体自身的权威性无法体现，治理的协作力量难以发挥。还有就是政府越位管理，使得村“两委”治理失位，在村庄生态环境协同治理过程中，涉及的主体主要包括政府、村委会、市场、社会组织和公众。但通常因为政府权力相对大，在信息资源、财力和组织上通常占据主导地位，村委会在村级党组织领导下、在乡镇党委政府的指导下开展工作，在实际工作中扮演着政府助手的角色，尤其是村级集体经济收入较薄弱的村，村“两委”需要向上级政府争取更多的项目和资金，在实际工作中更容易忽略村民的诉求和建议。同时，法律的空白和漏洞会导致政府权力过于集中，社会组织和公众缺乏权力，甚至出现其他主体参与性不强、市场失灵的现象。

（二）缺乏整体性综合统筹

农村人居环境整治各项重点任务推进不均衡、发展水平参差不齐，主要是由于在整治中未实现真正的融合发展。在农村人居环境整治这样一项综合性的工作中，涉及的内容千头万绪，涉及的政府部门众多。例如，农村危房改造、旧房整治属于住建部门负责；卫生改厕既涉及卫生健康部门，又涉及农业农村委等；农村生产废弃物资源化利用中，废旧农膜回收和资源化利用属于供销社负责，秸秆利用属于能源环境保护监督站负责，畜禽粪污利用则是属于畜牧中心负责。在实际整治中，要统筹这样一项涉及多个部门的综合性工作，难度非常大。由于统筹不足，在各项重点任务的实行过程中，各部门各自为政，缺乏“一盘棋”思想。例如，有的农户进行了危房改造，新建了住房，同时又新建了卫生厕所，但二者并没有有机融合，最终是新房与厕所互相独立，距离四五米远，在使用中显得非常不便。个别任务由于领导重视、资金充裕、较易完成等，推进较快，例如生活垃圾治理、“厕所革命”；个别任务如生产废弃物资源化利用、规划编制等进展略显滞后。导致农村人居环境整治中量化指标的完成情况较好，但是真正实现“质”的提升效果的不多。除了缺乏对农村人居环境改善各个关键任务的整体协调外，整体的农村人居环境改善工作、美丽乡村建设和乡村旅游、农村产业发展等乡村振兴各项工作尚未实现真正融合，一定程度上来说农村人居环境整治尚未达到预想的效果，“精心”打造的农村人居环境“盆景”尚未串联成线、形成真正的“风景”。

（三）环境整治宣传力度不足

农村人居环境整治问题并非是在短时间内就可以迅速处理好的，应当彻底改变农村居民的理念，提升村民对人居环境整治的关注水平。当前，政府宣传工作做得不到位，部分地区甚至不宣传，使得村民对人居环境整治方针了解不足，对人居环境损坏带来的各种危害感知不强烈，参与整治的积极性不佳，参与感较差。在访谈中，一位村妇联主任说道："没有人会天天跟人宣传这些，就算你肯说人也未必有时间搭理你，农村人活儿多每天都忙，我们村委会也就是接到上级政府的指令时才会重视起来，去宣传宣传。"

许多村庄使用村中的广播与墙上的标语宣传人居环境整治的紧急性和地位，鼓励农民主动参加各种整治活动。然而这类宣传并未具体到怎样参加人居环境整治，亦无专人培训，时间长了村民就淡忘了，宣传的效果也可以忽略不计。在农村人居环境整治的推广中，村委会的宣传意识较差，相对来说比较被动，只有上级政府下了命令才会开展一定的宣传活动。当前许多农民也开始应用智能手机，他们得到信息的方式也有较大的变化，然而基层政府还只是采取过去的那套方式开展宣传，未及时采用新的宣传方法，导致宣传效果较差。现阶段的基层宣传工作，还只是注重形式，未真正落到实处，没有找到宣传的重点，没有关注事关农村居民身体健康、经济生活建设的实际内容。

（四）长效管理机制不完善

要实现农村人居环境整治的常态、长效，需要建立相应的管理机制。但在实际整治中，出现了长效管理机制并不完善，导致人居环境整治效果难以持续的问题。一是在技术方面，目前在农村人居环境整治中，对污水和生活垃圾的处理还没有统一的技术规范。比如，在处理农村污水时，只简单采用了处理城镇污水的管网模式，而忽略了农村污水的排放特性和农村集体经济的状况。二是在人才方面，基层从事农村人居环境整治的工作人员较少，且缺乏专业性，存在农村人居环境整治相关人才缺乏的问题。同时，在人居环境整治设施运营管护过程中，缺乏相应的管护力量，导致人居环境整治的效果难以长久维持。三是在资金投入方面，还有较大缺口。上面所遇到的问题，都需要资金的支持才能够解决。但是在农村人居环境整治方面，却面临着需求众多、资金有限的情况。调研发现，村庄进行农村人居环境整治的资金，基本上都来自上级财政拨付[①]。除了个别资源密集村以外，能够利用自身的集体经济收入开展农村人居环境整治的村少之又少。这种资金支持模式，自然使得人居环境整治难以持续。同时，在人居环境整治的项目建设上，诸如农村公共厕所建设、农村生活污水处理设施建设，虽然项目完成了，设施建起来了，但后期所需要的设施设备维护、运营等资金却难以保障。

① 科左中旗人民政府办公室关于印发《科左中旗农村生活污水治理专项规划》（2020—2030）的通知（2021年10月12日）。

五、科尔沁左翼中旗农村环境整治的对策

（一）构建农村人居环境协同治理模式

构建农村人居环境协同治理模式需要做到以下几点：

一是完善农村人居环境协同治理的相关政策和法规。制度建设是实现环境协同治理的必要条件，要充分发挥法治在乡村环境治理中的重要作用，维护广大群众的合法权益。从我国的法律制度建设现状来看，需要从国家层面建立一套专门的法律制度，以确保多元主体在法律体系中的地位，规范运作机制，提高广大农村人居公共环境的治理水平。重点规范农村环境治理的主体权责、农村环境公共服务购买、公众参与农村环境治理机制等，促进政府、市场、社会组织、村民之间协同共治。

二是强化农村人居环境协同治理的主体建设。社会治理主体多元化、制度化，是实现和谐治理的必然要求，应进一步强化基层政府对农村人居环境治理的统筹兼顾。在农村环境治理中，以国家为中心、以边界为中心的传统一元化治理体制明显无法适应当今社会的要求，必须通过多个主体的共同努力来提高治理效率。应通过构建和发展农村人居环境自治组织协作网络，引导村民树立环保意识，实施环保法律法规，对环境违法行为进行科学监督，落实公民和乡镇企业参与环境治理的主体责任。要进一步完善社会承揽机构的投资和回报机制，推动环境领域的第三方治理，培育社会承揽机构。

三是健全政府购买农村环境公共服务体系。加强农村环境公共服务的供给，解决环境公共服务供求失衡问题，建立适应的政府采购体制，是目前我国农村人居环境整治的迫切需求。农村环境整治中应通过引入社会组织，提高治理能力，构建和谐共治的社会。可以在乡村振兴战略和“厕所革命”的实施中，把农村环境公共服务列入政府采购计划，并通过常态化制度保证农村环境公共服务的供给。鉴于我国农村环境治理工作的复杂性和难度，发展乡村型环保公益组织和基层农村自治组织势在必行，此外还应从财政拨款上予以支持。

四是完善农村人居环境评价监督体系。农村环境整治中多主体评价和监督机制的缺失，是造成我国农村生态环境恶化的主要原因。乡村环境协同治理能力的提高是一个逐步推进的过程，必须建立健全评价和监督机制，把生态效益纳入农村经济和社会发展的评价指标体系中，实行多层次、多维度的考核，把定量考核和定期考核相结合，注重考核手段和方法的创新。

（二）综合施策统筹农村人居环境整治

要综合统筹农村人居环境整治任务，需要做到以下几点：

一是要由点到面开展全域整治。农村人居环境整治是一项浩大的综合性工程，如果直接全面推开，可能出现政策不适应的问题。因此，基层政府要在实施农村人居环境整治的过程中强化示范引领，通过集中支持、重点投入、示范引领，建设一批“投入少、效果好、能复制、可持续”的改善农村人居环境示范项目，先易后难、先点后面，通过试点示范，带动全域整治，最后实现整体提升。首先要继续开展整治提升试点建设，旗县党委、政府可以通过领导带头督办、财政统筹资金等方式，集中人力、资金等资源，以典型引领、示范带动、重点突出、全面推进为原则，重点打造一批示范苏木、示范村，以示范村的人居环境整治效果，来激励该地区农村人居环境全面提升。其次要总结经验。注重总结、提炼适宜本地实际的人居环境整治方法，挖掘能够复制、方便推广的人居环境整治及管护经验。旗县农村人居环境整治主管部门要根据试点情况，改进完善农村人居环境整治的有关公共政策。最后要全域推广，农村人居环境整治最终要实现全域铺开。基层政府宣传部门要将试点经验通过编制案例集、召开现场会等方式进行多角度、立体式的宣传，提升群众的认识，让群众看得到成效、感受得到变化，增强群众参与的积极性，全面动员各方力量参与人居环境整治。

二是要明确整治内容及优先序。不同地区、不同村庄，整治工作的重点和紧迫性也不尽相同。农村人居环境整治的目的是满足人们对美好生活的向往和需要，建设更高质量的生活环境。应因地制宜，提出适宜本地实际的整治方案，确定农村人居环境整治工作的重点和优先序。在推进整治的过程中，有关部门要广泛开展实地调研，充分听取群众意见，坚持先易后难，从老百姓最关心、最现实、最迫切的问题入手，形成整治的“菜单”。开展农村人居环境整治的村落，要结合村庄的实际情况，制定整治的阶段目标、主要任务，在经过村民集体会议等充分讨论后，因地制宜开展整治。例如在一些农业生产发达程度比较高的镇、村，往往农膜等农业生产废弃物问题比较突出，在这些区域可以尝试优先开展农业生产废弃物资源化利用等工作；在一些人居环境基础设施比较完备的镇、村，则要将整治的重点更多地放在农村居民生活习惯的养成、精神文化活动的丰富等方面。

三是要促进环境整治与经济发展融合。观察国内外农村人居环境改善的成功案例，可以得出一个重要经验：对于农村人居环境而言，单纯用政府资金垒出来的“盆景”是没有生命力的，关键要促成农村人居环境整治效果“变现”，让美丽环境变成美丽经济。因此，在推进农村人居环境整治工作中，旗县党委政府不仅要解决好农村人居环境整治问题，更要把农村人居环境整治融入乡村振兴战略其他重点任务中开展，将农村人居环境整治融入美丽乡村建设，与强化基础设施建设、提升旗域综合服务能力、加强农业产业、乡村休闲旅游业发展等融合，共同推动农村经济、人文等全面提升。这样，既可促进文化氛围等农村人居软环境建设，又可促进乡村文旅产业的发展。

（三）多渠道加强农村环境保护宣传教育

加强农村环境保护宣传教育主要从以下两方面做起：

一是要大力宣传农村面源污染治理的政策、方法、重要意义、紧迫性和成功典型。围绕强化生态乡村建设宣传工作，积极营造宣传环保知识、弘扬生态文化的立体大宣传格局，增强全旗各界和广大农民群众的生态环保素养，充分调动全旗各方面的积极性，使全民自觉投入到环境保护和生态村创建工作中。要定期向社会公布整治工作取得的阶段性成果，并对环境违法问题进行曝光。鼓励和支持社会各界积极参与环保工作，切实增强农民主体责任、主体意识，让农村面源污染防治成为一种自觉的行为。要全面、多层次地推进农业生产和农村社会经济发展的新格局建设，以促进资源节约型、环境友好型社会的发展。要加强农村居民自治监督机制建设，制定环保村规民约，加强管理，巩固治理成效。

二是生态环境宣传教育要有广泛性、有针对性。首先要开展各类宣传活动，利用新闻媒介开展日常宣传。可以通过举办环保知识、环保法规宣传活动，印发环保知识手册等方式，在村内进行宣传。同时，还可以在世界环境日、地球日、世界水日等重大节日举办生态环保主题活动，强化全社会生态理念和生态意识，进一步增强全民环境责任感，营造全社会关心、支持和参与生态文明建设的良好氛围。其次是针对各类人群展开针对性宣传。成立市、旗两级生态环境宣讲团，开展生态环境宣传教育，针对不同人群，采用多种方式进行宣传。如加强对企业员工的环保技能培训、违法企业法人代表的环保法律培训，增强企业对污染的认识和法律意识。最后是要充分利用基层组织的力量，向村民宣传村规民约、“两山”理念等，改变他们的思想、生活方式，提高他们的清洁意识。

（四）健全农村人居环境整治长效保障机制

要做好以下几点来健全农村人居环境整治长效保障机制：

一是组织保障。农村人居环境整治是一项系统工程，涉及范围广、环节多，需要多方共同努力，才能确保整治效果的持续性。对于基层政府来说，就是要加强对农村人居环境治理的组织保障，明确责任分工，细化落实整治的各项目标任务。首先要强化各有关职能部门的协作配合，旗乡村振兴局抓总体统筹，旗农牧局、财政局、生态环境局等旗级行政部门结合自身职能职责，做好农村环境整治工程的建设和后续的维护和管理工作，共同营造一个良好的农村环境整治氛围。其次要传导压实主体责任，地方党委、政府要发挥好统筹规划作用，安排部署好整治相关工作。乡镇（苏木）作为农村人居环境整治的责任主体，要充分发挥自身职责，做好综合协调指导和相关整治工作。村“两委”要切实履行责任，成立项目建设工作小组、监督小组，用好村务公开等制度。最后是要落实专人从事整治专项工作，农村人居环境整治主管部门要同组织、人力资源部门联合，一方面注重培养、使用具有人居环境综合观念、专业技能的村镇建设人才，另一方面加大职业教育和技能培训力度，提升基层干部的相关技能。

二是制度保障。要实现农村人居环境的长效改善，既要注重前期的“整”和“治”，更要注重后期的“管”和“用”，必须从制度设计上确保农村人居环境整治效果的持续性。首先要建立长效管护责任制度，整治主管部门要牵头以制度的形式明确地方党委、政府、相关部门以及运行管理单位的责任，明确农村人居环境长效管护的标准、制度、人员、经费、监督实施方案等，并对引进的专业管护企业和专业管护人员进行监督。具体实施部门要对牵头重点工作及实施项目制定相关实施方案、项目管理办法、资金使用办法等，履行好长效监管责任。其次应建立长效管护考评制度，旗县党委政府要把长效管护作为农村人居环境整治工作的重要内容，进一步完善农村人居环境考评细则，强化督查考核，对工作推进不力的镇街实行挂牌督办，开展现场人居环境整治演练等进行整改，并将考评结果纳入对乡镇（苏木）、相关部门的综合考核。最后要建立长效管护激励制度，旗县党委、政府在推进农村人居环境整治过程中，要坚持奖优罚劣，将镇、村整治情况与旗级涉农项目安排、资金拨付挂钩，对农村人居环境整治效果好的镇、村，在资金投入、项目安排方面进行倾斜，对农村人居环境整治工作开展不力、效果较差的镇、村负责人及相关项目责任人进行问责、约谈。

三是经费保障。农村人居环境整治是一个系统性的建设工程，所涉及的面广、项目众多，资金需求非常大。虽然科尔沁左翼中旗对于农村人居环境整治投入了大量经费，但在长效管护上仍然存在较大资金缺口。因此，旗财政部门要继续充分利用政府善于对资源进行整合的巨大优势，不断创新资金投入方式，持续加大农村人居环境整治资金保障力度。首先继续加强对“三农”资金的整合，充分发挥项目资金的聚合效应。旗财政部门要牵头研究出台有关政策和措施，把各种资金捆绑起来，用于农村人居环境整治。与农村道路交通建设、农村危房改造、农业产业发展等相关的部门要制定本部门涉农资金目录清单、绩效目标，配合编制涉农资金预算，从资金支持上确保农村人居环境整治各项工作同步规划、同步推进、同步落实。其次要最大限度提升政府资金绩效，农村人居环境整治项目的具体实施单位要严格按照政府资金使用流程规范、资金绩效验收标准，用好政府投入资金，使其最大限度助力农村人居环境整治项目建设，要分配好资金使用先后、主次，将有限的资金优先用于解决群众迫切希望解决的重点问题，将农村人居环境整治资金投入效益最大化。最后要多方筹措社会资金，仅靠政府投入，难以满足农村人居环境整治中庞大的资金需求。因此，政府必须要进一步转变观念，创新投融资方式，通过投资、捐赠等方式，采取"先建后补""以奖代补""贷款担保"等措施，引导金融资本、工商资本、民间资本等资本投入到农村人居环境整治中来。各类金融机构要积极支持农村人居环境整治项目建设，按照法律法规为农村基础设施改善等硬环境的建设，产业发展、基本公共服务均等化等软环境的建设，提供信贷和金融支持。

六、结语

近年来，我国农村环境问题日益突出，不仅制约着我国的经济发展，而且还影响着广大农民的生活质量，对人民群众的身体健康造成了极大的威胁。要解决好农村环境综合整治问题，必须提高认识，积极采取行动，探索一系列可行的办法，确保农村经济、社会的健康、可持续发展。

虽然科尔沁左翼中旗的农村环境问题十分严峻，村民的生产、生活环境都受到了严重的破坏，环境问题的源头难以识别、环境污染难以量化、环境监测难度大，环境治理成本高，但是随着人们对农村环境问题认识的提高，农村环境治理工作逐步开展，治理的成果也在逐渐显现。特别是在开展了一系列综合治理后，农村环境得到了极大的改善，村容村貌也有了很大的改变。政府要充分认识到社会力量参与的重要性，建立"政府主导、市场协调、公众参与"的制度，从多方面、多角度分析和解决农村环境问题。一是要优化政府的行为，充分发挥政府的主导作用，把农村环境评估纳入绿色 GDP 的政绩考核，建立健全农村环境监察机制，完善与农村环境相关的法律法规，运用先进的生物技术手段治理农村环境污染；二是要引进市场，发挥市场的作用，在继续加强政府管理和对基础建设的投资的基础上运用多种投融资方式，引导环保公司参与到农村环境治理中来，实现市场化的服务；三是促进社会各界积极参与，加强环保宣传，增强全民环保意识。在科尔沁左翼中旗的实际工作中，可参考上述方法，不断地总结经验，持续、协调地开展农村环境整治工作。

参考文献

埃莉诺·奥斯特罗姆，2012. 公共事务的治理之道［M］. 上海：译文出版社：7.

曹守香，2021. 新泰市农村人居环境整治存在问题及改进对策研究［D］. 泰安：山东农业大学.

丛琳琳，2021. 乡村生态振兴下农户人居环境整治参与意愿的影响因素研究［D］. 烟台：烟台大学.

董帅，2021. 农村人居环境协同治理能力提升研究［J］. 乡村科技.

高永久，刘孝贤，2022. 西部边疆民族地区农村人居环境整治提升的现实价值与优化路径［J］. 民族学刊.

何乐，2016. 图们市农村人居环境整治存在问题及对策研究［D］. 延边朝鲜族自治州：延边大学.

何品晶，2021. 农村厨余垃圾处理的特征技术：问题及改进途径［J］. 科技导报.

何廷伟，2022. 保山农村人居环境整治问题研究［J］. 农场经济管理.

赫尔曼·哈根，2018. 大自然成功的奥秘：协同学［M］. 上海：上海译文出版社：143-144.

黄宁泽，2021. B市农村人居环境治理研究［D］. 呼和浩特：内蒙古师范大学.

刘小花，2022. 农村人居环境治理的路径和方法探究［J］. 农家参谋.

刘晓茹，2022. 关于农村人居环境治理路径思考［J］. 农业经济.

沈白玉，2021. 重庆市铜梁区农村人居环境整治问题及对策研究［D］. 重庆：中共重庆市委党校.

宋凯，2022. 我国农村人居环境治理存在问题及对策［J］. 乡村科技年.

孙慧波，2018. 中国农村人居环境公共服务供给效果及优化路径研究［D］. 北京：中国农业大学.

王之佳，1997. 我们共同的未来［M］. 长春：吉林人民出版社：10.

吴良镛，2001. 人居环境科学导论［M］. 北京：中国建筑工业出版社：38.

邢桂民，2021. 邢台市下堡寺镇农村人居环境整治研究［D］. 保定：河北大学.

余瑶，梁冰清，2022. 以农村人居环境整治提升“小切口”推动乡村振兴“大战略”［J］. 乡村振兴.

叶文虎，2001. 可持续发展引论［M］. 北京：高等教育出版社：315-319.

于法稳，郝信波，2019. 农村人居环境整治的研究现状及展望［J］. 生态经济（10）：166-170.

于水，2005. 多中心治理与现实应用［J］. 江海学刊期刊（5）.

张宇峰，2022. 发展经济学视角下农村生态振兴路径选择研究［J］. 北京农业职业学院学报.

郑骁戈，2021. 美丽乡村建设视角下的永嘉县农村人居环境治理研究［D］. 上海：上海师范大学.

朱颖，2021. H区L镇村庄环境协同治理研究［D］. 北京：中国矿业大学.

协同治理视角下包头市青山区生活垃圾分类治理问题分析

纪雅茹

绿色与低碳发展不但是社会经济发展的趋势，更是生态文明发展的必然需求。然而随着经济社会的发展、城市化水平的提升和人民生活水平的进一步提高，城市生活垃圾的数量也与日俱增，在部分城市中更是产生了“垃圾围城”的局面。这些垃圾若不经科学的分类处理，就会对生态环境造成影响，甚至对人类生存产生威胁。近年来国内外关于生活垃圾分类的科学研究愈来愈多，这一领域的研究呈现出起步晚、发展快的特征，同时更多的科学研究提出垃圾分类治理要政府部门、企业、社会组织、居民一起参与。

目前，包头市青山区的生活垃圾分类治理还存在着很多缺陷，对环境保护和经济社会发展产生了不良影响。许多的生活垃圾都是可以循环利用的，因此生活垃圾也可以成为环保资源。随着城市的进步与发展，迫切需要对生活垃圾进行分类处理，以提升处理效率，从而促进城市资源节约使用和建成环境友好型社会。

一、垃圾分类基本概念及相关理论

（一）生活垃圾

生活垃圾指在人们日常生活中或者在为人们日常生活提供服务的活动中产生的固体废物，以及法律、行政法规规定为生活垃圾的固体废物。主要包括居民生活垃圾、集市贸易与商业垃圾、公共场所垃圾、街道清扫垃圾及企事业单位垃圾等①。生活垃圾通常可分为四种类型：可回收垃圾、餐厨垃圾、有害垃圾和其他垃圾。随着城市发展以及民众生活水平的日益改善，生活垃圾数量逐渐上升，由此产生的环境污染问题更加严重。

---

① https：//mbd. baidu. com/ma/s/Vx2Glcbb，最后访问日期：2022 年 4 月 7 日。

（二）垃圾分类

垃圾分类，一般是对按照某种规则或标准将垃圾分类贮存、投放和搬运，并转变成社会公共资源的活动的总称。广义上，垃圾分类代表着垃圾分类处理的循环过程，包括垃圾投放、收集、清运、循环利用以及处理。狭义上，垃圾分类主要指居民对生活垃圾进行源头分类投放的行为。根据一些规范或技术标准，可把垃圾分类大致分为生活废弃物分类贮存、分类投放和分类清运三个过程。

（三）协同治理理论

协同治理是追求高效管理结构的过程，在这一过程中尽管也强调不同组织的相互竞争，但它们并不是各自为政、单独行事，而是会在“无形的手”的管理之下，产生协同效应，最终实现整体大于部分之和的效果①。协同治理是各方利益关联主体在基于必要的共识和信任的情况下，针对问题开展联合协作，并通过一些集体行为，最终实现既定目标的活动方式和流程。在对协同治理的认知上，国外研究者已达成共识，他们提出协同治理是在公共治理过程中，逐步摒弃传统的以政府为核心的管理方法，转为多主体管理，注重政府、企业、社会组织、个人等利益关联主体相互合作、协同建设，通过各主体的合作努力实现共同的管理目标。

二、包头市青山区城市生活垃圾分类治理现状

（一）包头市青山区概况

青山区北靠阴山山脉，南临黄河，因坐落于连绵起伏的大青山之南而得名。是包头市辖区，地处包头市的中部，西临昆都仑区，东至石拐区，南靠九原区，为城市中心四区之一。青山区于1956年建区，人口约52万。行政区划面积为280平方公里。全区辖8个街道、2个镇，54个社区、21个行政村②。青山区的地理环境得天独厚，交通通信方便，金融贸易繁荣，水电资源供给充足。附近的金属矿藏和原料资源也十分丰富，堪称“草原钢城的明珠”。是一座工业发达、科技领先、文教兴旺、公共服务设施完备、自然环境优美的新型市区。

---

① 熊光清，熊健坤．多中心协同治理模式：一种具备操作性的治理方案［J］．中国人民大学学报，2018（3）：145－152.

② http：//www.qsq.gov.cn/，最后访问日期：2022年4月7日。

近年来，青山区政府认真贯彻执行了自治区、包头市两级党委、人民政府的战略部署，并根据区情实际、主导产业优势和城市发展定位，明确提出了建设“两基地”“三城区”的发展思路和总体目标。在这一工作思路的指导下，青山区委、区政府积极团结引导广大干部民众，着力克服经济低迷所造成的影响，迎难而上、顽强拼搏，打造了区域经济持续健康发展的有利局势。

（二）包头市青山区生活垃圾分类治理现状

1. 生活垃圾分类政策方案现状

目前青山区主要落实的相关政策方案是《包头市深入推进城市生活垃圾分类三年行动计划（2021—2023年）》。2021年印发的《青山区2021年生活垃圾分类工作实施方案》指出，青山区紧紧围绕市政府、区办公室有关日常生活垃圾分类管理各项工作的规定，加快实施日常生活垃圾分类管理各项工作[①]。城市管理综合执法局全力推进城市生活垃圾的分类管理工作，通过努力提高城市生活垃圾分类制度覆盖率，以不断完善城市管理条件与服务水平。全区各街道、各职能部门在宣传教育、服务体制机制建立、日常运营管理、生活垃圾收运处理系统建立等方面全面展开各项工作。青山区的日常生活垃圾分类管理各项工作继续稳步坚实开展。

2. 生活垃圾分类处理方式现状

截至2020年10月底，包头市现有6座生活垃圾卫生填埋场和1座生活垃圾焚烧发电厂，实现城区生活垃圾无害化处理率100%。而青山区的生活垃圾处理也十分依赖于垃圾填埋场，这造成了严重的交叉污染，污染了土壤和地下水体，而且占用了大量土地。目前，青山区积极实施生活垃圾分类收集试点工作，实行先示范再推行。从开始在健康新城实施生活垃圾分类试点，到现在逐渐向各居民区、企事业单位、学校推广。根据不同的受众人群，青山区执法局采用了不同的方式推行垃圾分类工作，从实施生活垃圾分类管理政策以来，已经取得了一定的成就，改善了广大市民的居住环境。

3. 生活垃圾分类主体参与现状

生活垃圾分类治理中，无论是分类投放环节、运输环节还是处理环节，政府部门都占据着主导地位，进一步优化了管理措施，切实提高了城市垃圾分类的水平。企业参与青山区垃圾分类治理主要在源头减量回收阶段，以及终端处理阶段。社会组织主要在源头分类宣传上参与垃圾分类治理，采用贴近居民的方式开展相关宣传活动。居民的参与程度影响了垃圾分类的治理成效。经过长

---

① http：//www.qsq.gov.cn/information/qsq43/msg11690216255.html，最后访问日期：2022年4月8日。

期宣传引导，青山区居民已经普遍认识到垃圾分类的重要性，环保意识提高。目前多主体参与的模式为实现生活垃圾分类协同治理奠定了基础。

三、包头市青山区生活垃圾分类治理存在的问题

（一）政府生活垃圾分类治理工作不完善

包头市青山区垃圾分类治理仍是政府主导型，其他主体参与明显不足，严重缺乏市场的调节作用，造成了政府负担重、治理成效低等问题。从政府行政管理的角度看，政府治理的功能分为内外两方面，对内要优化自身内部结构，提高管理能力，对外要积极开展交流活动，动员社会力量。在垃圾分类过程中，政府对于政策的出台，还有垃圾分类办法的制定等都起着积极的主导作用。不过，目前在资金投入、基础设施建设以及调动各个主体积极性等方面，政府部门的相关工作仍须完善与加强。

（二）企业没有充分发挥作用

生活垃圾分类工作同时具有公共服务属性和经济属性。而目前，包头市青山区企业承接政府采购服务，这就很容易造成企业工作效率低下、政府部门责任过大的弊病。企业经营是以效益为主导的，对生活垃圾分类的资金投入支持动力相对较弱。且当前企业正面临技术水平升级，生活垃圾分类设备投入较大，再加上企业在生活垃圾分类处理方面利润微薄，种种原因造成包头市青山区参与垃圾分类工作的企业积极性不高，企业在生活垃圾分类治理工作中的作用也微乎其微。

（三）社会组织参与度不高

我国将社会组织分为三类，即社会团体、民办非企业单位和基金会①。但在垃圾分类中，相关的社会组织却一直处于非常被动的地位，扮演从属或者辅佐的角色，因此无法实现社会组织的预期社会价值。同时政府对社会组织的认可度也始终不高，再加上社会组织本身能力不够，独立性与自主权也比较弱，影响了整体治理水平和生活垃圾分类治理的全局效益。社会组织在整个垃圾分类治理中实际参与相对较少，这就要求我们必须营造良性的社会氛围，明确社会组织职责，让更多的社会组织充分地发挥自己的功能，并协调其他主体一起投入到生活垃圾分类治理中。

① http：//mzj.wuhan.gov.cn/zwgk_918/zc/zcwd/202111/t20211117_1844664.shtml，最后访问日期：2022年4月8日。

（四）居民生活垃圾分类参与率低

尽管公民的环境保护意识已经有所觉醒，对生活垃圾种类的知晓率和认可度也都在逐步提高，但大部分公民的分类意识尚有不足，参与率更是十分低下。其中原因有很多，一方面，广大市民虽然已经初步知道了生活垃圾分类的定义，但不少人却仍然处在一知半解的状况中，对于各种不同的垃圾往往无从下手，因此生活垃圾分类的实际参与量和准确投放量也始终处在较低水平。另一方面，由于相关宣传前期工作开展的成效很突出，而后期则普遍流于形式，因此宣传广度、深度、持久性都还不足，更不能形成全社会共同持续参与的氛围，无法调动居民参与积极性。

四、包头市青山区垃圾分类治理存在问题的原因分析

（一）政府层面

1. 生活垃圾分类政策制度建设相对落后

目前，包头市青山区相关部门生活垃圾分类的日常管理相对被动。垃圾分类管理体制不够完善，相关政策制度有待健全。不能充分发挥管理体制的重要制约作用。虽然有些相关法律法规已初具形态，不过目前还是没形成比较详细的专项法规条例，可操作性不强。总体来说，仍有许多法律漏洞和问题需要解决，只有进一步完善和改革，才能更好地发挥政策制度的重要作用。

2. 政府财政资金投入不足

生活垃圾分类是一项社会公益事业。生活垃圾分类治理的日常工作主要涉及分类投放、收集、运送、处理等环节，以及设备建造、运营监管、宣传及动员等，需要大量资金投入来确保各环节闭环循环运作。因此，政府的投入是做好生活垃圾分类的基础和前提。无论是建立健全收运处理系统，还是举办推广引导活动，都需要各政府部门强有力的资金保证。而当前包头市青山区由于资金投入不足，相关体系不健全，种种问题突出，生活垃圾分类面临瓶颈。

3. 生活垃圾分类设施配套不足

从源头分类到运送再到处理利用，垃圾分类必须依靠健全的相关基础设施。当前，中国的大部分城市都存在着生活垃圾分类设施严重缺失的难题，包头市青山区也不例外。许多居民区未按照规范设置分类垃圾箱、垃圾箱数量不够且损坏严重、垃圾箱脏乱陈旧等问题十分突出；中端转运设施配备不足，存在转运不及时、混收混运等现象；回收站、分类中心都缺乏有效管理，一些极低值可回收物无法得到有效处理，且对有害垃圾没有相关处理设施，存在很大的污染风险。

4. 没有充分调动各主体参与积极性

尽管在整个垃圾分类治理过程中，各主体间的交流日渐增多，已经有了基本的配合协调，也形成了基本的信息反馈途径，但是，政府部门在整个管理过程中还是处于主导地位，不仅作为政策制定者，还必须起到思想指导作用，领导整个生活垃圾分类的治理与具体实施过程。多重责任大大降低了政府部门的治理能力，也导致了政府部门在开展生活垃圾分类管理工作上力不从心。因此，若仅依靠政府，很难实现生活垃圾分类减量化。生活垃圾分类必然要求多种主体共同积极参与。

（二）企业层面

1. 企业参与积极性较差

引入市场主体参与是垃圾分类治理取得成效的关键之举。废弃物也是放错位置的重要资源。在生活垃圾处理行业中，对资源的回收及再利用有着巨大的市场空间与发展前景。但相关企业参与积极性较差，生活垃圾分类处置能力严重不足。比如宾馆、餐馆等企业每天生产大批生活垃圾，但对生活垃圾分类的投入较低，分类质量低下，从而增加了垃圾分类处理的难度。目前生活垃圾分类成本高，且垃圾行业收益率低、回报期较长，无法产生固定利润，导致企业参与生活垃圾分类的利润驱动力缺失。

2. 缺乏政策保障企业利益

包头市青山区政府财政支持力度较小，严重影响了企业参与废弃物分类治理工作的积极性。垃圾处理行业具有较强的政策驱动性，但政府部门疏于对企业进行政策扶持和指导，未能制定相应的支持优惠政策，城市废弃物处理市场运行机制也亟待健全。加之由于管理实践经验缺失，企业自身处理生活废弃物的能力也有待提升。所以亟须政府在政策、资金、社会资源等方面对企业给予支持。健全的法律法规体系、运行管理机制，以及收益补偿制度等是促进垃圾分类行业产生与发展的重要动力。

（三）社会组织层面

1. 社会组织没有充分发挥作用

社会组织参与并非以利益为导向，它相对独立于政府和企业，没有稳定的资金来源。目前，参加生活垃圾分类工作的社会组织资金来源主要是政府部门采购服务，另外一部分资金来自企业或者基金会的捐助。这无疑增强了社会组织对政府部门或者企业的依赖，从而使其无法更好地独立、更加自由地开展生活垃圾分类活动。同时，有些社会组织对经费预算不公开透明，也限制了其作用的发挥。

2. 社会组织参与垃圾分类治理职能不明确

社会组织灵活度高，接近市民，是居民向上表达意见和提供建议的主要途径，也是实现政府部门与市民高效交流的主要枢纽。社会组织要实现有效整合，并代表民众向上级政府传递和反馈真实信息。但鉴于目前青山区的生活垃圾分类工作强制推行尚处在初级阶段，因此关于社会组织参加生活垃圾分类治理工作还缺乏具体而详尽的法规指引。社会组织参与垃圾分类治理的职能也不完善，并且由于没有实质性权力对政府部门或其他权力主体实施有效监管，社会组织参与生活垃圾分类治理的积极性也受到影响。

（四）居民层面

为清楚地了解包头市青山区居民生活垃圾分类状况，笔者在亲友们的帮助下，通过微信收集了调查问卷。本次调查共计回收问卷 309 份（表 1）。从调查对象来看，男 135 人，女 174 人，男女比例较为均衡。在年龄段的划分上，20 岁及以下占比 23.62%，21～35 岁占比 38.19%，36～50 岁占比 21.68%，51 岁及以上占比 16.50%，样本年龄跨度大，因此可代表研究总体的特征。

表 1　包头市青山区受访居民基本情况

项目	选项	频率（人）	频率（%）
性别	男	135	43.69
	女	174	56.31
年龄	20 岁及以下	73	23.62
	21～35 岁	118	38.19
	36～50 岁	67	21.68
	51 岁及以上	51	16.50
受教育程度	小学及以下	24	7.77
	初中	36	11.65
	高中	68	12.30
	大专	111	35.92
	本科及以上	100	32.36

1. 居民生活垃圾分类意识薄弱

居民长期混合投放垃圾的习惯更改起来十分困难，接受垃圾分类需要一个适应的过程。调查结果表明，大约有 23%的市民觉得垃圾分类的重要性很一般，甚至认为不重要（图 1）。大约有 51%的居民对垃圾分类政策、标准掌握程度一般甚至不了解，缺乏正确的认识（图 2）。还有一些居民认为，垃圾分类是环保部门的事情，与自身利益无关，并认为分类毫无意义。很明显，城市居民对垃圾分类的认识尚有待继续提高，认识提高后才能提高社会公众在生活垃圾分类工作中的参与度，才能在全社会形成广泛影响。

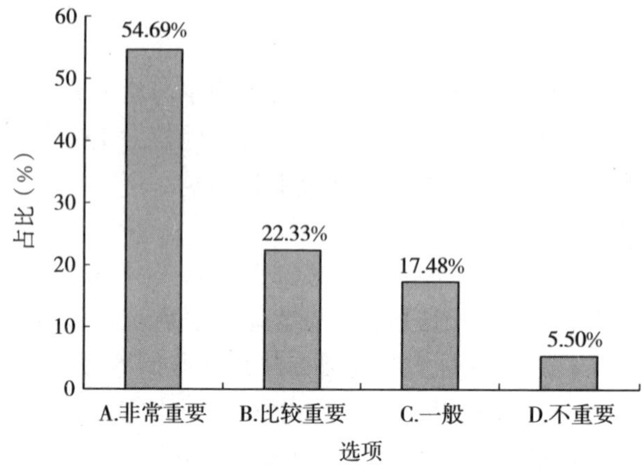

图 1　生活垃圾分类重要程度认知

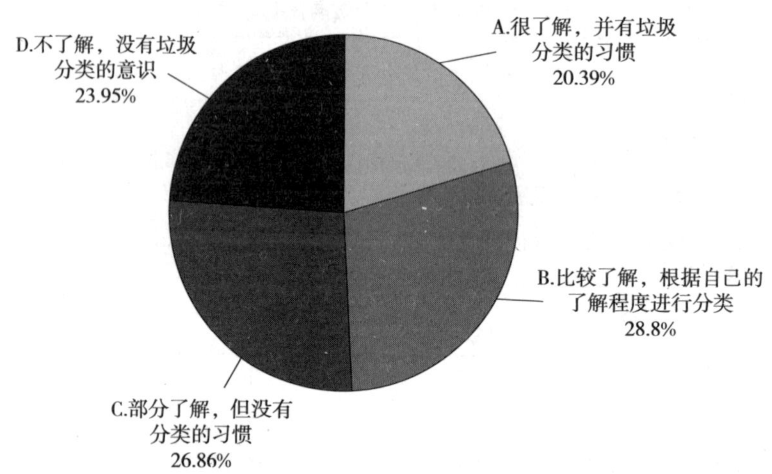

图 2　居民对生活垃圾分类政策、分类标准的了解程度

2. 居民生活垃圾分类认知水平参差不齐

尽管包头市青山区政府在前期工作中对生活垃圾分类政策也进行了广泛的宣传，但是大部分市民对垃圾分类认识还很粗浅。问卷调查发现，包头市青山区内大约有 52％的市民很少或者从不主动掌握生活垃圾分类常识，这也导致了垃圾源头分类参与率低（图 3）。大部分市民对生活垃圾分类存在思想误区，管理部门的制度规章难以形成长期有效的影响。同时，由于地方政府部门既没有完善开展教育宣传工作，又没有做好对居民生活的监督管控，居民普遍没有对生活垃圾进行分类处理的意识，这也是生活垃圾分类处

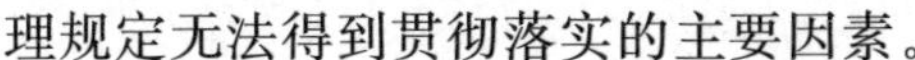
理规定无法得到贯彻落实的主要因素。

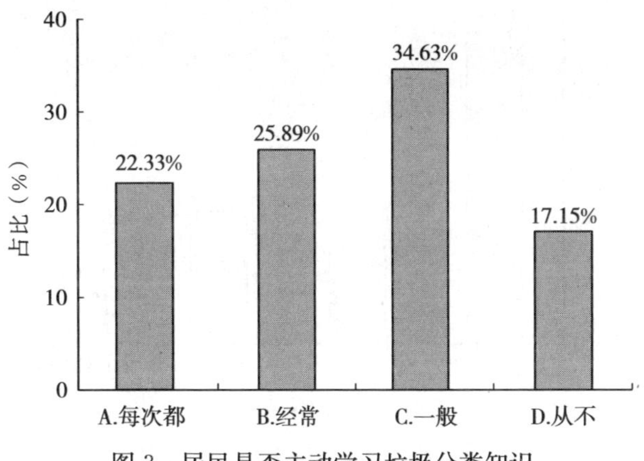

图 3　居民是否主动学习垃圾分类知识

3. 居民履行实践能力较差

调查显示，18.77%的居民日常生活中对垃圾完全不分类投放，26.86%的居民把可回收物品出售，其余不分类投放（图 4）。由此可见，部分市民习惯将可回收利用的生活废弃物分类出售，而将其他废弃物只用塑料袋装好便投入垃圾箱，直接混合处理。部分市民有一定的分类意识，但分类准确率并不高。同时调查显示，21.68%的市民参与生活垃圾分类的意愿一般，9.06%的市民不愿参与，市民参与生活垃圾分类的意愿并不强烈，因此也直接造成市民对生活垃圾分类的实践能力得不到提升（图 5）。

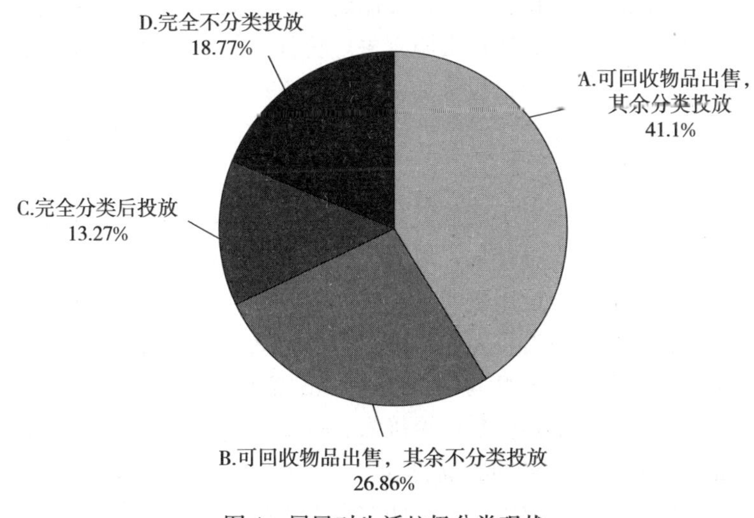

图 4　居民对生活垃圾分类现状

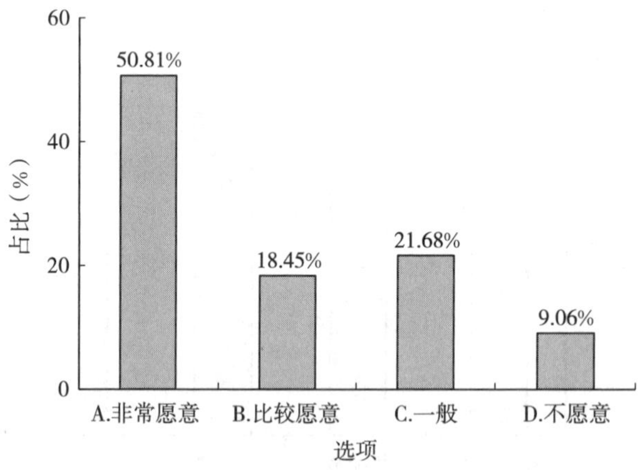

图 5　居民参与生活垃圾分类意愿

五、协同治理视角下改进包头市青山区生活垃圾分类治理的对策

（一）强化政府的主导作用

1. 加快完善垃圾分类专项法律法规

“无规矩不成方圆”，政策实施可以起到保障作用。按照发达国家和其他地方的管理经验，青山区政府必须逐步建立一套自上而下、健全的生活垃圾分类管理规章制度来保障工作执行。一是要制定一套具体有效的管理指导措施。二是要建立强制性促进政策。通过实施有关垃圾分类的产业政策、政府融资措施和财税优惠政策，对企业项目投资加以约束和支持；采取立法和执法措施对垃圾分类加以强制规定和制约；对全社会做好宣传教育和示范引导。

2. 加大资金支持力度

政府部门还应该加强对生活垃圾分类处理等工作的投入力度，把基础设施建设经费列入政府每年支出计划，以确保投入真正到位。在资金的运用上，要确保专款专用，增强资金运用透明度。同时引导和支持民间资本投入生活垃圾分类治理，由此形成的合力将为包头市青山区生活垃圾分类整治工作带来更有力的资金保证，从而健全生活垃圾分类配套设施设备，合理布局生活垃圾接收、运输系统，进一步增强生活垃圾接收、运输的能力。

3. 完善生活垃圾分类基础设施建设

补齐设施短板，提升设施水平。加大对有关配套设施的投入，在专用车辆购置、垃圾转运中心建设、垃圾投放点分类设施配备等方面加大投资。进一步优化配置各类设施，保障垃圾分类收集、运输等环节正常运转。此外还需要完善垃圾分类终端处理设施，保证生活垃圾能够得到有效快速的处理。而且随着生活废弃物排放量的增多、生活垃圾分类治理的进一步推广，要尽快推动基础设施体系统筹规划，建立完整的资源回收体系，完善废弃物回收产业链。

4. 加强生活垃圾分类监督考核

要实现生活垃圾分类多主体协同治理，需完善相应的监管体系。建立生活垃圾分类管理监督考核体系，对工作的进展状况实施监督和考核，制定考评规范，实行长效管理机制，并结合政府监管把企业、社会组织等列入监督之中。通过不定期和定期的方法开展抽查与考评，公布监督考核结果，提早发现垃圾分类方面存在的问题并及时进行修正。奖优罚劣，将社会组织与生活垃圾处理企业一并置于最有效的管理约束下，提高生活垃圾分类管理工作的实效性。

5. 积极培育协同治理多元主体

生活垃圾分类治理要求全社会参与，加强政府行政示范带头效应，通过鼓励性举措推动企业、社会组织和市民大力支持并积极参与垃圾分类，让更多的主体加入生活垃圾分类处置协同治理体系当中。鼓励城市志愿服务，引导民间组织积极参与社会合作，逐步健全治理结构。进一步放宽市场准入，通过引导社会资金参与生活垃圾分类，营造全社会共同参与生活垃圾分类治理的良好氛围。对目前居于领先地位的垃圾处理企业优先支持，并对引入先进垃圾处理技术与设施的企业给予相应的资金补助，以增强其市场生存能力；对社会组织积极鼓励引导，赋予其一定的权力；从多方面引导居民养成分类习惯。

（二）充分调动企业积极性

1. 正确处理政府与企业的关系

在推行垃圾分类治理过程中，政府部门和企业的合作是关键性的。政府必须处理好与企业的关系，避免自身全权负责。政府对参与的企业予以优惠政策扶持，同时也要对企业的经营活动加以指导和规范，充分发挥企业的积极作用。垃圾分类中除了要做好分类工作，也要做好处理工作，这需要企业的参与。有很多垃圾其实只是放错了地方的资源，因此，政府部门要处理好与企业的关系，积极发挥市场主体力量，创造更多的价值。

2. 加大政府对生活垃圾处理企业的政策支持力度

生活垃圾分类协同治理过程中，需要引入专业化、社会化服务企业，由其承担生活垃圾分类收集、运输和处理工作。为了引导企业参与，提高企业生存能力，在激活市场调节作用的时候，地方政府也应该通过经济手段对参与生活垃圾回收处理的企业进行必要的优惠政策扶持。财政部门对不能盈利或利润低微的部分企业进行适当的财政补贴，在信息化技术开发上予以相应财政扶持，在企业承接的环保服务中予以税费优惠等。

3. 政府与企业协同破解治理难题

政府应严厉打击餐厨垃圾私拉滥运行为，针对餐厨垃圾进行专业收运和管理。可通过公开招标的形式，委托再生资源回收公司开展厨余垃圾统一收运和无害化处置工作，有效解决厨余垃圾处理末端难点。充分发挥企业的垃圾无害化处理技术优势，有效破解有害垃圾的末端处置问题。同时，政府应支持再生资源回收公司对低增加值的可回收物资（玻璃、废塑胶、旧衣物等）进行再利用，政企协同破解治理难题。

（三）突出社会组织协调作用

1. 鼓励引导社会组织

社会组织的积极参与可以创新性地提高生活垃圾分类治理效率。政府部门可以对于社会组织实施合法化、规范化管理，使社会组织对政府部门的治理管理实现有效补充，弥补政府部门缺陷。同时，政府应引导更多的社会组织积极地参与到环境保护、生活垃圾分类与减量等活动当中，并积极指导社会组织开展生活垃圾分类等系列宣传活动。鼓励社会组织积极举办生活垃圾分类专题讲座，开展培训交流等活动，建立微信等公共账号，利用新型媒介技术提升传播覆盖率。通过主动宣传垃圾分类的有关常识和正面资讯，吸引普通市民参与生活垃圾分类。

2. 明确社会组织具体职能

社会组织是沟通居民和政府的桥梁，以独特的方式将多个主体联系起来。民政部门应该适当减少对社会组织的监督管理，对其实行统一的登记注册，对有资格的机构核发合格证并确定等级，对各种社会组织的管理职责范围加以明确。政府应对参与城市生活垃圾分类工作的合规社会团体出台支持的政策措施，鼓励其充分发挥好其传播者、教育者的职能，在各个社会机构之间发挥好协调功能，从而更好地达到垃圾分类目标。

3. 建立政府与社会组织协同治理机制

加强政府部门和社会组织之间的合作，建立协同治理机制。在推进生活垃圾分类和减量项目时，由于政府部门跟居民直接沟通存在阻碍，通常会在后期难以推进，所以要求社会组织积极跟进。由政府部门负责，出台相关政策，与社会组织协作开展工作。社会组织也要认真对待居民的意见建议，搭建信息公开平台，搜集、总结、整理居民的意见建议，并结合自身的调研分析开展工作，填补政府部门职责上的空缺。社会组织与政府部门间信息资源共享，良性交流，相互协助完成生活垃圾分类工作。

（四）发挥居民的主体作用

1. 增强居民生活垃圾分类意识

生活垃圾分类宣传效果不佳也是这项工作进展迟缓的主要因素。政府部门和个人都应积极行动起来，政府部门加强宣传力度，从深层次、全方位入手，引领民众积极地参与生活垃圾分类工作，而个人也应当从自身做起，引领身边的人积极参与，从而让生活垃圾分类工作的推进更加顺畅。在宣教内容上，应加强对生活垃圾处理有关法规的宣讲力度，使广大居民从立法的视角了解垃圾分类的责任与义务；同时灌输环境保护与循环使用理念，增强环境忧患意识，让广大居民认识到进行垃圾分类处理的紧迫性与重要性。

2. 提高居民生活垃圾分类实践能力

政府部门还可组织培养参加居民垃圾分类管理工作的社区工作者，由社区工作者担任垃圾分类指导员，对小区内住户的垃圾分类工作做好指导与监督，助推老百姓生活垃圾分类文明行为的形成。还应借助电视广播、互联网等信息化媒介手段来进行更为全面深入的信息传播，宣传生活垃圾分类的细致操作流程，以此来提升居民生活垃圾分类实践能力。

3. 以制度创新引导居民的生活垃圾分类行为

积极建立生活垃圾分类奖励惩罚机制，从正反两面引导市民积极参与生活垃圾分类。对生活垃圾分类处理表现较好的家庭和个人予以表扬和激励，同时予以物质回报，从而进一步调动住户响应生活垃圾分类处理的积极性和热情；对不实施生活垃圾分类处理的住户予以更明确的处罚，引导住户相互监督，使违反了生活垃圾分类处理规定的住户受到相应的处罚。奖罚并举可让居民主动进行生活垃圾分类，不失为一种直接有效的举措。

六、结语

在绿色低碳发展背景下，推进生活垃圾分类具有重要意义。实施城市垃圾分类，既是克服“垃圾之困”的切实途径，又是城市以人为本的发展理念的深入体现，直接影响着人们生活品质的提高和城市的可持续发展。生活垃圾分类治理是一项提高环境质量、促进社会可持续发展的重要举措。但这不是一项短期工程，要不断加强管理的科学性，逐步形成长效机制。实施城市垃圾分类治理是美化都市环境、提高都市生活品质的重要举措，同时也是改善人们行为习惯、提高居民文明素养的主要手段，对于建设美好都市、促进构建环境文明城市，有着重大的社会现实价值。希望通过政府、企业、社会组织以及广大居民的努力，包头市青山区的天可以更蓝、水可以更清，人们的生活可以更舒心。

参 考 文 献

杜春林，黄涛珍，2019. 从政府主导到多元共治：城市生活垃圾分类的治理困境与创新路径［J]. 行政论坛（4).

冯轶，2020. 义乌市生活垃圾分类治理研究［D]. 大连：大连海事大学.

付心意，2020. 郑州市城市生活垃圾分类治理研究［D]. 郑州：郑州大学.

龚文娟，赵罂，2021. 中国城市生活垃圾处置状况及治理研究［J]. 海南大学学报（人文社会科学版).

韩笑，2018. 多中心治理视角下的城市生活垃圾分类治理问题研究［D]. 南京：南京理工大学.

韩艳丽，芦枭，2021. 瑞典式生活垃圾分类管理经验对我国的启示［J]. 河北环境工程学院学报，31（1).

贺文清，2019. 垃圾分类相关概念界定及研究动态［J]. 经济研究导刊（35).

胡澎，2019. 从“垃圾战”到“多元协作”——日本垃圾治理的路径与经验［J]. 日本问题研究（6).

黄佳，2020. 城市生活垃圾分类治理中的政府责任探析［J]. 南阳理工学院学报，12（1).

康玲，祝铠，2019. 日本、德国垃圾分类管理对我国的启示［J]. 中国环境管理干部学院学报，29（6).

李肖晓，2020. 协同治理视角下济南市推进垃圾分类政策案例研究［D]. 济南：济南大学.

罗楠，2019. 上海生活垃圾分类治理模式探索［J]. 城邦建设（8)：16－19.

王晓凤，2020. 青岛市即墨区生活垃圾分类现状、问题及对策研究［D]. 青岛：青岛理工大学.

熊光清，熊健坤，2018. 多中心协同治理模式：一种具备操作性的治理方案［J]. 中国人民大学学报（3)：145－152.

张江海，2019. 多元主体协同推进生活垃圾分类治理的路径探析——以厦门市为例［J]. 福建农林大学学报（哲学社会科学版)，22（6)：93－98.

张京唐，2020. 多元共治：精细化治理视阈下的城市生活垃圾分类创新模式［J]. 大连干部学刊（1).

赵一凡，刘志，2020. 多元主体合作下的生活垃圾分类治理研究［J]. 环境科学与管理，45（5).

DI-SAN PIAN 第三篇

基层公共服务

JICENG GONGGONG FUWU

内蒙古农牧业人才队伍建设问题探讨

——基于乡村人才振兴的视角

婷 婷 乌云高娃

一、内蒙古农牧业人才振兴工作的主要举措

近年来，内蒙古自治区围绕国家乡村振兴战略中人才振兴的工作要求，围绕“人才培训、人才服务、人才激励保障”工作重点，推动农牧业人才振兴工作，取得了良好的效果。2020 年，为贯彻落实国家和自治区乡村振兴、人才振兴战略目标任务，自治区党委农牧办、人社厅等部门重点围绕乡村人才的培育、引进、激励、评价、保障、服务等方面制定了《内蒙古自治区推动乡村人才振兴实施方案（2018—2022）工作任务分解表》，着力从加强各类人才培养、畅通人才服务机制、加强人才激励保障工作等方面，提出了 18 项重点任务、45 条具体措施，力求落责任、有进度、见实效①。2021 年年初，内蒙古自治区继续从建立人才培养机制、人力服务机制、人才激励机制“三个机制”方面推动乡村人才振兴工作，进一步推进《内蒙古自治区推动乡村人才振兴实施方案（2018—2022）工作任务分解表》各项工作。该任务分解表指出，要建立农村牧区人才培养机制，加大农村牧区各类人才的培训力度。计划培育各类乡村振兴带头人 2.17 万人。农村牧区劳动力转移就业技能培训 5.23 万人次，培训补贴支出 8 157.3 万元。加大农村牧区各类电商人才的培训力度，开展电商培训 1.07 万人次、带动就业 1 200 余人、孵化电商 670 多家。要加强农村牧区人才服务机制建设，加大对返乡创业的农牧民及大学生等各类人才的服务工作力度，为农村牧区转移劳动力创业培训 5 000 余人，为农牧民工创业提供创业担保贷款近 1 000 笔，发放金额 1.7 亿元。全区共培育农牧民工返乡创业园、孵化基地 45 家②。继续有效推进“三支一扶”、社区民生、选调生选拔等各项

---

① 内蒙古扎实推进乡村人才振兴各项工作［N/OL］.（2020－09－24）. http：//www.northnews.cn.

② 内蒙古自治区人力资源和社会保障厅：自治区建立“三个机制”推动乡村人才振兴［EB/OL］.（2021－08－26）. http：//rst.nmg.gov.cn/news/xinwendongtai/.

工作，截止到2021年6月，内蒙古自治区1.41万名大学生到基层就业。开展新一轮“万名专家人才服务基层”行动，开展了“草原之光”硕士创业行动、科技特派员对口服务等活动。对25家科技特派员工作站给予支持经费375万元。各地区选派科技特派员4 000多人，创办企业400多家，成立专业合作社700多个，推广新技术1 000多项①。

总体上看，当前内蒙古自治区根据国家加快推进乡村振兴、人才振兴工作的意见，围绕人才培训、人才服务、人才激励保障等工作重点，大力推进农牧业人才队伍建设，取得了一定的成效。当然，与当前农牧业现代化发展的需要、农村牧区振兴的宏伟目标之间仍然有一定的差距，需要直面挑战、抓住机遇，不断推进农牧业人才振兴、人才队伍建设工作。

二、内蒙古农牧业人才队伍建设面临的困境及成因

（一）内蒙古农牧业人才队伍建设面临的困境

1. 农牧业人才短缺严重

人才是农牧业发展最重要的资源，也是经济增长的驱动力。当前，各类各层次农牧业人才短缺是内蒙古农村牧区振兴面临的主要难题。本土农牧业人才资源不足，外流现象比较严重。尤其是农业技术推广人才、高素质农牧民、承接“农文旅”融合发展与电商产业发展的各类复合型人才稀少，能够长期扎根于农村牧区，服务于农牧业现代化发展的科技特派员、农牧业专家更是甚少。据内蒙古自治区农业技术推广站介绍，截至2011年底，内蒙古地区已经实现农业技术推广人员全覆盖。当时内蒙古共有农业技术推广机构915个，农业技术推广员6 870人。但事实上，这些力量远不能够满足当前农牧业现代化发展需求②。笔者在赤峰地区的调研中也了解到，赤峰市S苏木大概有12 000多头大畜，87 000只小畜，但对应的乡村兽医只有22人，且其中没有拥有职业兽医资格证书的、专业性强的职业兽医人员。多数乡村兽医人员不懂真正的兽医技术，致使这些人才难以真正满足当前畜牧业现代化发展的需求。

2. 人才培训难以满足农牧业发展需求

按照《内蒙古自治区推动乡村人才振兴实施方案（2018—2022）工作任务

① 内蒙古自治区人力资源和社会保障厅：自治区建立“三个机制”推动乡村人才振兴［EB/OL］.（2021-08-26）. http：//rst. nmg. gov. cn/news/xinwendongtai/.

② 内蒙古：实现农业技术推广人员全覆盖［EB/OL］.（2012-02-23）. http：//www. gov. cn/govweb/jrzg/2012-02/23/content_2075348. htm.

分解表》，内蒙古自治区计划培育各类乡村振兴带头人 2.17 万人，农村牧区劳动力转移就业技能培训 5.23 万人次[①]。从该分解表中可看出，内蒙古自治区各类人才培训的力度逐年加大。当然，如果与内蒙古当前 538.67 万农林牧渔业从业人员[②]的庞大基数进行对比，这样的培训也只能满足一小部分农牧业从业人员的培训需求，难以实现大面积覆盖。调研中我们也了解到，当前能够参加培训的基本上是中年以上的各类农牧业人才，30 岁至 40 岁的年轻人参加培训的很少。这不仅不利于农牧业人才的可持续发展，而且也很难为农牧业发展提供可持续的人才支撑。

3. 农牧业人才结构失衡现象严重

随着城市化进程的加快，内蒙古地区农村青壮年劳动力不断流入城市，真正留在农村牧区从事农牧业的人员越来越少。且从事农牧业活动的基本上为 40 岁以上的中年人或者老年人，农牧业从业人员老龄化现象也较为严重。不仅如此，当前农牧业生产活动领域文化水平高、真正懂技术、善于经营管理的农牧业人才越来越少。根据内蒙古自治区第三次农牧业普查公报，截至 2016 年底，全区农牧业生产经营人员为 579.59 万人，其中年龄在 35 岁以下的有 112.44 万人，36～54 岁的有 283.07 万人，55 岁及以上的有 184.07 万人[③]，占比分别为 19.40%、48.84%和 31.76%；受教育程度构成上，未上过学、小学学历、初中学历、高中或中专学历、大专及以上学历分别占比 5.17%、38.72%、46.55%、7.32%和 2.25%，文化程度普遍较低，中专以下学历的人员比例高达 90%。这样的人才结构很难满足当前乡村振兴及现代化发展对农牧业提出的更高层次的要求。

4. 农牧业人才流失现象严重

近年来，内蒙古自治区虽然高度重视人才服务、人才激励保障机制的完善问题，但留住人才难、人才流失现象仍然比较严重，制约着农牧业的发展。当前，农村牧区年轻人中真正留下来安心从事农牧业的已经越来越少。比起留在农村牧区，他们更愿意选择进城打工。尤其是接受过高等教育的大学生，不愿意回农村牧区创业。我们在调研中也看到，当前农村牧区兽医人员严重短缺，但愿意去农村牧区从事兽医工作的年轻人越来越少，他们中多数人认为，回到基层从事兽医工作没有好的发展空间。甚至有的人认为，回到农村牧区就业后将来成家、子女教育都成为问题。经过“三支一扶”、社区民生、选调考试等

① 内蒙古自治区人力资源和社会保障厅：自治区建立“三个机制”推动乡村人才振兴［EB/OL］．(2021-08-26)．http：//rst.nmg.gov.cn/news/xinwendongtai/.

②③ 内蒙古自治区统计局．内蒙古统计年鉴 2020［M/OL］．2020. http：//tj.nmg.gov.cn/files_pub/content/.

途径流入农村牧区的大学生流动性较大、稳定性不强。不仅如此，当前我国各类人才评定过程中存在的唯学历、唯资历、唯论文等现象，使得很多真正扎根于基层、服务于基层的“本土专家”、新型职业人才很难脱颖而出，难以最大限度地激发各类农牧业人才的积极性和创造性，加大了当前农村牧区吸引人才、留住人才的难度。

（二）内蒙古农牧业人才队伍建设中存在问题的成因

1. 传统农牧业思想的束缚仍然存在

当前内蒙古地区绝大多数农牧户仍然在采取单独的家庭经营模式，且多数农牧业从业人员文化素质不高。大多数农牧民并没有完全意识到先进的农牧业知识和技能的重要性。他们不愿意，也没有很好的经济基础支持他们走出农村牧区接受先进知识和技能方面的教育培训。即使是一些农牧业大户、合作社和当地农牧企业负责人，也缺乏学习先进的农牧业专业知识和技能从而发展致富的开放意识。农牧业经营人员中“读书无用”的观念仍然普遍存在，这无疑制约着农牧业经营人员接受现代先进农牧业知识与技能，制约着农牧业现代化发展。不仅如此，当前还存在学校教育与市场需求脱节的现象。很多大学生毕业后，即使去了农村牧区，也很难将从课本上学到的知识直接应用到实践中去。也有很多大学生仍然认为，在农村牧区工作就意味着脏、苦、累，不愿意投身到农村牧区工作，即使去了农村牧区，干上一两年就要换工作，造成农牧业人才队伍整体素质不高、队伍不稳定的问题。

2. 人才振兴的资金投入不足

内蒙古大部分农村牧区位于经济发展水平低、少数民族聚集地区，经济基础相对薄弱，一些地方政府财政支出还是以“保工资、保吃饭、保运转”为主，难以投入大量的经费用于培训各类农牧业人才，为农牧民工作提供创业贷款，建设农牧民工返乡创业园、孵化基地，引进高层次人才，鼓励大学生到基层就业等农牧业人才队伍建设方面。地方政府无法足额提供有关农牧业人才队伍建设的各项费用，导致各类农牧业人才培训难以大规模、系统地开展，各类创业园、孵化基地难以落地。不仅如此，财政配套资金的缺失还导致各类人才的引进和留住工作难以有效推进，地方政府提供的工资待遇、社会保障等难以对各类农牧业人才形成强有力的吸引，人才流失现象时有发生。

3. 人才服务激励保障制度不健全

当前，内蒙古自治区虽然围绕人才培养机制、人力服务机制、人才激励机制“三个机制”大力推进了农牧业人才振兴工作，但实际水平与需求之间仍然有一定的差距。地方政府有关人才培训与各类创新创业基地、孵化基地的制度不健全。各地虽然也开展着农牧业人才培训，建立了各类创新创业基地、孵化基地，但制度化、法治化的各类人才培训机制还未建立，阻碍了农牧业人才振兴工作的有序开展。同时，“三支一扶”、社区民生、选调生、科技特派人员、农业推广技术人员等方面留住人才、吸引人才的政策各异，且各类保障措施不到位，相关激励机制还不够健全。如，按照当前的配套保障措施，很多通过“三支一扶”、社区民生途径考入基层的人员，因没有较高的薪酬待遇、未来发展难以保障，服务期结束后基本不在农村牧区停留，而选择在城市就业。不仅如此，当前我国各类人才评定考核环节，唯学历、唯资历、唯论文等现象仍然存在，致使能够扎根于农村牧区的、服务于农牧业发展的本土人才很难脱颖而出，加大了当前农村牧区吸引人才、留住人才的难度。

三、优化内蒙古农牧业人才队伍建设的对策

（一）转变观念，提高认识

农牧业人才队伍在转变传统农牧业生产生活方式，实现农牧业产业结构调整、升级优化，实现农牧业现代化发展，实现乡村振兴等各个领域都发挥着不可或缺的重要作用。因此，地方政府要与时俱进，转变思想观念，加强对农牧业人才振兴、人才队伍建设的思想认识，将农牧业人才振兴工作作为一项重要工作来抓。各类农牧业经营人员、农牧业人才也要转变观念，更新自身的知识与技能，以更好地投身于农牧业现代化建设。要积极抓住政府层面提供的农牧业人才培训、农牧业创新创业基地建设的机遇，积极参与其中，不断开阔视野，提高认识。尤其是农牧业大户、合作社和当地农牧企业负责人要发挥好带头引领作用，与当地地方政府沟通、合作，共同营造一种重视农牧业人才、重视农牧业科技创新的社会氛围，进而消除传统农牧业观念和思想上的障碍，为农牧业人才振兴、农牧业人才队伍建设注入更多的精神动力。

（二）加大对农牧业人才队伍建设的投入力度

根据国家乡村人才振兴战略部署，加大乡村人才振兴的资金投入力度，每年安排专门的财政专项资金用于农牧业人才队伍建设。首先，建立人才培训专项基金，用于各类乡村振兴带头人、农业推广技术人才、各类电商人才及农村牧区劳动力转移就业技能培训，为农牧业发展提供必要的人才储备。其次，加大农牧业人才服务的财政投入力度，提高农牧民创业贷款额度，建设农牧民返乡创业基地、孵化基地，为返乡农牧民创业提供必要的基础保障。不断改善提升“三支一扶”、社区民生、选调生等基层就业大学生的薪酬待遇、社会保障及发展空间，为返乡大学生提供更多的就业保障。最后，加大对各类农牧业人才的激励保障力度。各级地方政府要加大力度引进高层次的农牧业核心技术人

才，选拔当地各类农牧业人才走出当地，到发达农牧业地区学习先进经验。加大对农牧业科研工作的资金支持力度，对于优秀的农牧业人才根据其业务贡献，在职称晋升评定上给予倾斜，为农牧业发展留住优秀人才。

（三）完善农牧业人才队伍建设的制度保障

要围绕内蒙古自治区当前推动乡村人才振兴工作的人才培养机制、人力服务机制、人才激励机制等三个工作领域，开展农牧业人才振兴工作，建立健全农牧业人才队伍建设相关制度政策。首先，建立健全乡村振兴带头人、农业推广技术人才、各类电商人才及农村牧区劳动力转移就业技能培训方面的各项制度政策。同时，尝试探索产学研结合的农牧业培训模式。政府部门发挥好引导、规范作用乃至提供资金、管理服务等，建立多层次的学校、企业、政府合作共治的产学研农牧业人才培训基地，充分调动社会各个层面力量加入农牧业人才的培训工作中。其次，建立健全人才服务机制，建立优化农牧业人才振兴的创业贷款及政策支持机制，返乡大学生薪酬待遇、社会保障政策机制等各类农牧业人才制度政策，为各类农牧业人才、大学生创新创业及未来发展提供重要的制度保障。最后，完善人才激励保障制度建设，建立科学合理的各类农牧业人才薪酬收入制度和保障激励制度，以确保优秀农牧业人才按其劳动和贡献的比例获得相应的报酬。制定并优化农牧业人才外出培训学习制度、职称晋升评定制度、绩效考核制度、工作贡献奖励制度等各项管理、服务、激励保障制度，为农牧业人才振兴、农牧业人才队伍建设提供良好的制度环境，为农牧业人才队伍建设的制度化发展提供必要的保障。

参　考　文　献

2012. 内蒙古：实现农业技术推广人员全覆盖［N/OL］.（02－23）. http：//www. gov. cn/govweb/jrzg/2012－02/23/content_2075348. htm.

2021. 内蒙古自治区人力资源和社会保障厅：自治区建立“三个机制”推动乡村人才振兴［N/OL］.（08－26）. http：//rst. nmg. gov. cn/news/xinwendongtai/.

2020. 内蒙古扎实推进乡村人才振兴各项工作［N/OL］.（09－24）. http：//www. north-news. cn/news/2020/0924/1907823. html.

内蒙古自治区统计局，2020. 内蒙古统计年鉴 2020［M/OL］. http：//tj. nmg. gov. cn/files_pub/content/.

论牧区现代化背景下的蒙古族大学生返乡就业问题

白萨茹拉

2017年10月18日，习近平总书记在党的十九大报告中指出："实施乡村振兴战略要坚持农业农村优先发展，建立健全城乡融合发展体制机制和政策体系，加快推进农业农村现代化。"为了贯彻落实党的十九大精神和要求，2018年1月24日，内蒙古自治区原主席布小林同志根据习近平总书记指示，在政府工作报告中提出牧区现代化，强调牧区要先走一步，牧区牧民要与全国人民共同走进新时代。之后自治区政府很快着手陆续在新巴尔虎右旗、阿巴嘎旗、阿鲁科尔沁旗、乌拉特中旗开展牧区现代化建设试点工作。布小林同志在2020年8月召开的推进牧区现代化试点工作现场会上指出："推进牧区现代化是我区实施乡村振兴战略的重要内容，是改善牧区生产生活条件、实现全面建成小康社会目标的迫切需要，是建设美丽内蒙古的题中应有之义。"2020年12月，内蒙古自治区人民政府制定了《牧区现代化三年行动方案（2020—2022年）》，计划从2022年开始全面推进牧区现代化建设①。

一、牧区现代化建设对本土人才的需求

内蒙古牧区是以草原生态为主体、畜牧业生产方式为主导的地区，是祖国北部边疆的绿色生态屏障。牧区现代化包括生态现代化、产业现代化、生活现代化、文化现代化和治理现代化五大方面的内涵。

一直以来，牧区人才流失严重，而现代化建设的全面推进必然需要大量的人才。牧区独特的经济文化特点决定了其尤其需要懂得牧区文化的人才。从当前牧区的整体情况来看，大量引进人才很不现实，因此吸引更多从牧区走出去的蒙古族大学生返乡就业是最现实的选择。全面推进牧区现代化建设对就业压力越来越大的蒙古族大学生来说，也是良好的机遇。

---

① 《内蒙古自治区人民政府办公厅关于印发〈牧区现代化三年行动方案（2020—2022年）〉的通知》（2020.12.10）。

牧区现代化建设中要求的培育发展优势特色主导产业即肉牛产业、肉羊产业、马产业、饲草料产业、民族传统奶制品产业、生态文化旅游产业等，需要大量的技术、管理、销售、文化艺术、电商物流、中介服务、新媒体等方面的人才。牧区生态可持续发展和产业现代化要求的创新畜牧业生产经营方式，探索多种形式的适度规模经营机制，积极培育股份合作社、家庭牧场等新型经营主体等，需要有新思维、新理念、新技术的蒙古族大学生返乡创业。牧区治理现代化要求的创新牧区社会治理，需要一部分蒙古族大学生到嘎查任职，服务牧民。

二、蒙古族大学生返乡就业现状

从蒙古族大学生的总体情况来看，就读于地方二本院校和民族院校的为绝大多数，就读于区外“双一流”院校的相对属于少数。从家乡来看，这些学生多数来自牧区和半农半牧区，来自大中城市的非常少。来自牧区的蒙古族大学生就业压力相对更大一些，返乡就业意愿也相对强一些。

（一）返乡就业的蒙古族大学生逐年增多

在基层就业政策的引导、高校就业指导工作的作用以及蒙古族大学生就业压力逐年加大等多种因素的影响下，蒙古族大学生的就业观念正在发生转变，即从大中城市就业到基层就业、返乡就业。因此，返乡就业的蒙古族大学生逐年在增多。以本人跟踪研究的内蒙古农业大学行政管理专业 2017 届蒙授两个班 59 名毕业生为例，毕业以来的四年中，返乡就业的人数逐年增多，到目前总共有 43 人，达到 72.9％。通过访谈了解到，同校同专业 2021 届新毕业的 57 名毕业生中，打算回自己的家乡就业的占 80％以上。

（二）大学生基层服务项目是蒙古族大学生返乡就业的最主要渠道

从就业的渠道来看，大学生六项服务基层的项目，即大学生村官、“三支一扶”、西部计划志愿者、社区民生服务、特岗教师和“储备人才”（简称“六类项目”）是当前大学生最主要的返乡就业渠道。调查发现，近五年返乡的蒙古族大学生中，90％以上都会参加“六类项目”考试，而且部分同学不止考一年。上述内蒙古农业大学的案例中，2017 届 43 位返乡就业的蒙古族大学生中，通过“六类项目”就业的有 26 位，占 60.5％。

（三）蒙古族大学生返乡创业的意愿在增强

创业对大学生来说也是一种很好的就业形式。随着牧区现代化步伐的加快，一部分热爱自己家乡的蒙古族大学生回到家乡，基于自家的草场创办家庭牧场、联合亲戚朋友组建畜牧业专业合作社、经营养殖业以及创办中介服务机构。目前已经有了一些典型案例。在这些成功案例的带动下和大学生创业扶持政策的支持下，蒙古族大学生返乡创业的意愿在增强。

三、蒙古族大学生返乡就业存在的问题

（一）返乡就业主动性不强，动力不足

内蒙古牧区 33 个旗当中，14 个为边境旗县，是内蒙古困难人口分布较多的地区。地方经济不发达，生活成本高，地广人稀，通信物流受限，到目前为止很多牧区 3G 网络还未普及，因此牧区对年轻人的吸引力较低。目前来看，返乡就业对蒙古族大学生来说更多是迫于就业压力而作出的被动选择，可以说，蒙古族大学生返乡就业的动力还很不足。

（二）返乡就业渠道窄，就业保障力度不够，就业稳定性不强

众所周知，蒙古族大学生返乡就业最主要的渠道——“六类项目”属于临时性就业，项目期满后面临重新就业的问题。当前部分地区已经把大学生村官纳入事业编制，内蒙古地区还没能实现。“六类项目”人员再考公务员和事业编制等会有一定的照顾政策，但是能考进体制内稳定就业的蒙古族大学生还是非常少。访谈牧区基层领导发现，他们特别希望本土人才能多考进基层公务员队伍，这样不仅有利于队伍的稳定，而且也有利于牧区工作的开展，但是能考上来的本土人才却非常少。此外，虽然牧区现代化的全面推进需要大量的本土人才，但是当前地方政府对返乡就业的政策支持力度还远远不够，这也影响到就业的稳定性。

（三）高校人才培养与牧区现代化建设人才需求之间的匹配度不高

专业设置方面，高校主要基于校内资源情况，并更多考虑人才需求的普遍性而设置专业。一般情况下，很难充分考虑地方经济社会发展的特殊需求，因此出现了牧区现代化建设所需人才与蒙古族大学生所学专业匹配度不高的问题，从而影响到本土人才返乡就业的成功率。大学生的实践能力方面，当前蒙古族大学生较为集中的内蒙古自治区二本院校和民族院校，对学生实践能力的培养普遍不足，创新创业教育质量不高，因此影响到蒙古族大学生返乡创业的能力。牧区更需要的是有想法、有干劲的创业青年，充分利用互联网、新媒体等平台，大力发展特色经营、创意牧业、生态牧业、牧区电子商务等，可以直

接带领牧民，实实在在带动畜牧业经济的发展。

四、牧区现代化背景下推进蒙古族大学生返乡就业的对策建议

（一）加大牧区公共基础设施的建设力度，重点提升牧区现代化信息基础设施水平

内蒙古自治区政府制定的《牧区现代化三年行动方案（2020—2022年）》中，有一大重点任务就是补齐民生公共服务短板。具体涉及公路、电力、通信、电子商务、教育、卫生、饮水等多个方面，改善牧区生产生活设施，推动基本公共服务能力建设，促进基础设施升级改造。这将会明显改善牧区整体的生产生活环境，有利于增强蒙古族大学生返乡就业的主动性。不过，年轻人首要看重的是牧区现代化的信息基础设施水平，因此应着重推进物联网、大数据、移动互联网等信息技术在牧区的发展应用。

（二）加大本土人才返乡就业的政策扶持力度，拓宽蒙古族大学生返乡就业渠道

地方政府应出台更加积极、开放、有效的人才政策，成立针对返乡就业大学生的服务机构，提供政策咨询、创业培训、资金支持、技术支持和市场开发等服务，落实创业贷款免息、免抵押等各项优惠政策，建立监督机制，打通政策扶持的“最后一公里”。出台激励政策，带动更多有想法、有情怀、有理想的蒙古族大学生回到家乡创办家庭牧场、合作社等新型畜牧业经营主体；此外，在牧区产业公共服务、生态治理、生态文化旅游、民族文化产业领域开拓就业岗位，拓宽“六类项目”之外的就业渠道，吸引蒙古族大学生返乡就业。

（三）构建校地人才培养合作交流机制，对接牧区现代化建设人才需求

地方高校与地方政府互通互融，建立校地之间的人才培养合作与交流机制，关注牧区现代化建设人才需求，调整和创新人才培养模式，提升创新创业教育质量。整合各类实践资源，建立多种形式的社会实践、实习实训、创新创业基地；利用好寒暑假，组织大学生深入牧区，广泛开展社会调查、社会公益、志愿服务等社会实践活动。加强高校的就业指导工作，转变大学生的就业观念。高校发挥资源优势，为有创业意愿和培训需求的大学生提前做好知识储备。成立创业导师团、专家志愿团，为有创业意愿的大学生提供就业指导活

动，可以通过开展创业知识和技能训练，提高大学生的创业意识和创新创业能力。

参考文献

蔡蒙蒙，李玉明，张强国，等，2019. 乡村振兴战略背景下大学生返乡创业能力提升路径及策略研究 [J]. 湖南人文科技学院学报 (11)：203-205.

李萌，2017. 乡村振兴战略背景下大学生返乡创业能力提升路径及策略研究 [J]. 乡村科技 (33)：23-24

梁书瀚，张富贵，2019. 现代乡村振兴战略背景下大学生乡村创业的优劣势分析及能力培养对策 [J]. 时代经贸 (27)：521-522.

孙渔珽，2018. 乡村振兴战略下农村籍大学生返乡就业创业社会融入问题探析 [J]. 农业经济 (7)：111-113.

草原文化与牧区女性人力资源开发关系简析

张美英　秦嘉苑

要实现中华民族的伟大复兴，56个民族必须团结一致，充分开发利用各类资源来强国富民。其中文化资源和人力资源的开发尤其需要重视，因为在一定程度上对二者的有效开发利用可以替代物质资源的开发，有利于可持续发展。除了长江文化和黄河文化，草原文化也是中华文化的重要组成部分，在广袤的牧区草原大地上发挥着重要作用。牧区女性既是草原文化的创造者也是传播者，是草原文化发展中必不可少的群体。那么，在草原文化背景下如何有效开发女性人力资源是值得我们深思探究的。

一、草原文化与牧区女性人力资源开发概念界定

学者吴团英认为，草原文化是中华文化三大主源之一、三大组成部分之一和中华文化发展的动力及源泉。在漫长的社会发展历程中，长江文化、黄河文化、草原文化互相撞击、融合，最终形成了中华民族长盛不衰的文明凝聚力。吴团英提出，草原文化是世代生息在草原这一特定的自然生态环境中的不同族群的人们共同创造的文化，它是草原生态环境和生活在这一环境下的人们相互作用、相互选择的结果，既体现出显著的草原生态禀赋，又蕴涵着草原人民的智慧结晶，包括生产方式、生活方式及基于生产方式、生活方式而形成的价值观念、思维方式、审美趣味、宗教信仰、道德情操等。由此可以看出，草原文化中蕴含了人与自然的关系和人与人之间的关系，文化与人相互影响、作用。

人力资源开发是指对具有劳动能力的人进行的提高能力、激发潜力的动态过程。牧区女性人力资源开发是指对牧区女性以教育和培训手段提升综合素质的过程。虽然我国人口基数大，文化积淀深厚，但人口质量相比发达国家仍显低下，欠发达地区人民思想观念落后，因此开发和利用人力资源的效率较低，也出现了人力资源开发浪费严重的现象。女性作为“半边天”，不论在生产劳动还是家庭生活中都是重要组成部分。但长久以来，受社会经济文化发展和传统思想观念的影响限制，社会中形成了“重男轻女”的行动模式。与此同时，

草原文化语境里没有对人力资源开发的着重阐释，使得有着紧密联系的二者关系不被关注。

二、草原文化背景下牧区女性人力资源开发现状

被称为“马背民族”的蒙古族，以草原牧区作为自己的活动地域，并以畜牧业作为主要生产生活方式。特殊的生产方式与广阔的草原相结合，形成了面向自然、开放、流动的生产生活方式，也形成了蒙古民族独特的文化视野。蒙古族以自然为图腾，认天作父、认地为母，热情奔放，民间艺术也体现出多元化的形式内容。因此，草原文化可以用民族性、自然性、开放性、包容性这些特征来概括。

历史上，牧区女性承担着维持游牧部族生活的重任，她们积极参与生产生活劳动，并享有财产权与继承权。牧区女性具备慈爱、坚韧、宽厚的品格，这是有过实例验证的。20 世纪 60 年代初的“三年困难时期”，上海、江苏、浙江、安徽等地的几十个孤儿院因为食品短缺陷入了困境，3 000 多名幼小孤儿营养不良，患病人数越来越多。在自身也面临灾荒的情况下，草原母亲们接纳了这些与自己无血缘关系的孤儿，像对待自己的孩子一样去照顾哺育他们。“三千孤儿和他们的草原母亲”的故事也被传为佳话。这种超越民族、血缘、地缘的情怀，大爱无私的高尚境界是普通人难以企及的。这一实例充分体现了草原文化滋养下的牧区女性的品格。

内蒙古牧区是我国最大的牧区。内蒙古牧区劳动力在各产业中分布不均衡，第一产业中劳动力所占比重较大，第二产业、第三产业占比较小。由于牧区里中老年人口受教育程度普遍较低，所以只能从事技术含量较低的以畜牧农耕为主的第一产业，造成留在牧区的劳动力大多以第一产业谋生的状况。在牧区从事劳动的女性群体中，初中文化以下的居多，女性文盲率高于男性，女童辍学率也高于男童。在面对政府及教育培训机构组织的职业培训时，牧区女性参与率和积极性也很低，这些都严重阻碍了新时代牧区女性人力资源整体素质的提升。

三、草原文化与牧区女性人力资源开发的互动关系

草原文化的符号体系里既包括草原牧区也包括生活在那里的牧民。女性作为牧民家庭的重要成员，语言、风俗习惯、生产生活方式，无一不受到草原文化的影响。当然以教育培训为手段的人力资源开发过程也不例外，而教育培训这一过程也会反作用于文化，这里有传承也有创新，如现在新式的蒙古族服

装、奶食品的创新制作方法等。

(一) 草原文化为女性人力资源开发创造氛围和条件

积极的文化有吸引、凝聚、培育、激励人力资源的作用。发展草原文化是为了给社会经济发展营造积极的氛围环境，为广大牧民提供更多的文化发展服务和条件。人力资源开发要求我们树立以人为本的理念，用教育和培训的手段达到人力资源效益的最大化。草原文化的民族性、开放性和包容性，恰好有利于为女性人力资源开发搭建平台，亦使牧区女性人力资源开发具备广阔的发展空间。可以通过整合草原文化资源，发展草原文化相关产业，大力发挥草原文化中的物质文化和非物质文化的精神鼓励作用，随后，将精神转化为人的行动，进而转变为产业和效益。像蒙古族手工刺绣、蒙古袍、民族饰品、奶食品甚至文艺创作这些相关产业的形成都离不开女性人力资源的智慧实践。只要沿着草原文化这条有特色的主线来开发牧区女性人力资源，就可能实现有文化内涵的可持续发展。

(二) 女性人力资源开发对于草原文化发展有推动作用

发达国家对于人力资源的开发都很重视，这也是这些国家发展水平高的原因。对于当前这个知识经济时代来说，高素质的人才是发展的关键。对于内蒙古而言，牧区生产总值在经济中占有一定比重，牧区又有不同于其他地区的特殊性，因此针对牧区人力资源开发的政策应该有所改变。在开发牧区人力资源时，更应该重视对女性人力资源的开发，因为女性人力资源开发的水平相对于男性较低，同时女性对于家庭和子女的影响作用也很大，只有重视女性人力资源开发才能使牧区和城镇共同发展。否则，城镇的发展必会受制于落后的牧区，牧区也会成为城镇乃至整个国民经济发展的“短板”。

内蒙古位于我国北部，地理位置的特殊性和少数民族区域特色决定了当地发展的多样性。虽然牧区具备丰富的自然资源和民族特色，但从长远发展的角度去看，这些优势也有暂时性和脆弱性，因为自然资源可能消耗殆尽，民族特色如果不维护发扬也会消逝，只有人，高质量的人力资源才能长久维持高质量的发展优势。要改善牧区的生产生活条件，最终依靠的还是人力资源素质的提升，高素质的人是发展的关键。牧区经济的发展与牧民的收入紧密联系在一起，而收入能否增加的关键在于牧区人力资源是否被有效地利用和开发。在草原文化发展中人处于主导地位，牧区女性人力资源开发的程度会直接影响草原文化持续发展的进程，也决定了草原文化传承发展的可能性和持续性。

四、草原文化背景下牧区女性人力资源开发中存在的问题

当下在内蒙古牧区能体现草原文化影响力的产业有旅游业、文化产业，但这些产业更多是靠物质资源的消耗来获利的，附加了知识、智能的获利行业相比于发达地区来说实在太少，究其原因，主要是对牧区人力资源的开发远远不足，对于女性人力资源的专项开发更是匮乏。

（一）对女性人力资源重视不够

人是一种具备主观能动性的资本，对其进行投资的渠道包括教育、保健、医疗、迁移和市场流动等。当下我国女性教育文化水平和新中国成立前相比确实有较大进步，但牧区女性在享有教育文化资源方面和男性相比还有差距。牧区女性人力资源的数量约占牧区人力资源总体数量的一半，但女性就业人数占就业总人数的比重却相对少了很多，就业率低于男性。在市场流动方面，女性的参与率也整体低于男性。这些情况的出现跟当下社会、家庭、女性自身对女性人力资本的投资意识较弱有关，很多人的想法是女性只要照顾好家庭即可，认为女性没有开发的价值和潜力。

（二）缺乏“以人为本”的开发思维

草原文化中包括草原、牧民、其他资源等各类要素，一直以来，以物为主的思维占主导地位，很多人认为只要物质条件改善，发展就指日可待。确实，在物质条件低下的情况下，大力开发物质资源可以助力发展，但是如果要谋求长远的高质量发展，就需要树立“以人为本”的开发思维。很多人将人看作静止的，仅供使用的工具，而忽视了人的开发潜质，激励人力资源能动性的环境和措施有所欠缺。“以人为本”也是一门开发艺术。牧区在教育培训和养老医疗等人力资源开发保障方面比较落后，达不到对女性有效开发所需的条件。

（三）女性教育事业基础薄弱

虽然内蒙古大力发展女性教育，但同男性相比仍有较大差距，这不仅表现在女性的文化水平、政治参与度方面，而且还体现在思想观念和自身觉悟方面，这些都是影响女性自身发展的重要因素。在部分牧区，当地学校的基础设施简陋，缺乏高水平师资，有些家长存在“重男轻女”的封建意识，因此女学生入学率低于男学生，在辍学率上，女学生要高于男学生，这些都严重阻碍着内蒙古牧区女性人力资源素质的提升。

（四）女性培训事业发展滞后

生活在牧区的成年女性大多在从事传统的农牧业劳动，基本上没有接受过正式的职业培训，掌握实用专业技术的高素质人才很少。由于缺乏正规的职业培训，她们的技术能力水平都比较低，而且她们对知识技能的接受能力也比较弱，对一些关键要点要领掌握不好。面对这样的状况，政府机构也出台了一些培训政策，但效果不尽如人意。培训师偏重于讲理论而缺乏实践经验，让牧区女性对培训的兴趣大打折扣，同时培训没有按因地制宜的原则进行，无法带动受训人员的积极性。

五、草原文化背景下牧区女性人力资源开发的简要对策

对于牧区女性人力资源开发中存在的问题，可以从以下几个方面进行解决。

（一）转变观念

在牧区女性人力资源开发中要树立“人力资本是最重要的资本”“以人为本”的理念，在草原文化背景下因人因地因时制宜，提高人力资源效用，最大限度地发挥女性人力资源的作用。政府机构除了在政策和资金上支持女性人力资源开发工作之外，也要着力转变“重男轻女”“知识无用”等落后的社会风气和家庭观念。要大力发展女性人才市场，建议多部门协作组建“女性人才服务中心”，为牧区女性人才的引进、流动提供服务阵地。同时，草原文化是一种具有民族特色的原生态文化，在发展过程中要尽可能地在保护地区文化原生态完整性的基础上进行改革。

（二）关注教育

要切实关注女性教育问题，尤其是困难家庭的女童入学问题。政府要加大投入，设立专项教育经费用于解决困难牧区女童的教育问题。要关注蒙古语授课的学生，积极倡导牧区学生进行双语（蒙古语和汉语）学习，并给予学习便利和生活补贴。除了义务教育指定科目课程之外，要适当增加有关草原文化及蒙古族传统习俗、礼仪、技能的教育课程。虽然牧区大学生数量在逐年增多，但很多大学生所学知识技能和牧区所需“接地气”人才的知识技能还是有偏差，因此牧区教育须从长远规划目标入手，从教育理念、内容、形式上进行变革。

（三）着力培训

要强化专业理论培训和实操技能培训，增强培训的针对性和实效性。可试点进行牧民技术员技能评聘制，以此激励牧区女性参与培训。要重视牧区基层干部科技素养的提升，提高基层干部在牧区经济发展中的前瞻和带动能力。要引导培训牧区女性“触电”，通过网络进行学习提升，也可以通过电子商务来谋生创业。培训要和牧区特色产业相结合，如奶食品、皮画、蒙古袍、蒙古特色饰品等。要鼓励大学生到牧区就业，有经验的牧区基层干部与有创新理念的大学生结合起来带动牧区女性提升自我，是牧区女性人力资源开发的一个可行路径。

（四）灵活就业

要建立灵活多样的牧区女性就业流动机制。女性与男性相比存在着因体质、生育等因素造成的“工作断层”现象，社会上还有性别歧视氛围，再考虑牧区生产有“夏忙冬闲”的特点，应该建立符合牧区女性生理特点和忙闲时段特点的就业流动机制，实行弹性工作制、工作分享轮换制、集体劳务派遣制等，从而对牧区现有人力资源及潜在人力资源进行全面开发，有效转移闲置资源，并提高女性就业的积极性。

综上所述，草原文化和牧区女性人力资源开发之间存在相互影响的互动关系，人是文化传播的主体，牧区女性的发展也离不开草原文化这个大背景。在草原文化背景下解决牧区女性人力资源开发中存在的问题，要结合当地民族特色和文化特点，从转变思想观念、关注教育、关注培训、建立灵活就业的服务体系等方面来进行思考和行动。

参考文献

吴团英，2006. 草原文化与游牧文化［J］. 内蒙古社会科学（汉文版）（9）：1.

吴团英，2013. 关于草原文化研究几个问题的思考［J］. 内蒙古社会科学（汉文版）（1）：2.

包头市安泰社区“煤改气”项目居民满意度探析

吴莎莎

在中国经济高速发展的过程中，由于城市化和工业化进程的加快，大量的燃煤资源被使用，造成了空气污染。党的十八大的重点任务之一就是要在“五位一体”的总体规划中，实现生态文明建设，十九大更是在十八大的基础上进一步作出了相关的部署。推进“煤改气”是一项重大环境工程、普惠民生工程，对于改善大气环境质量、提高居民生活水平有重要意义①。为全面落实自治区环境督察反馈意见，打赢污染防治攻坚战，减少燃煤散烧污染物排放，进一步改善包头市大气环境质量，按照自治区和包头市的有关要求，依据《包头市人民政府办公室关于印发〈包头市居民燃煤散烧综合整治工作方案〉的通知》(包府办发〔2020〕14 号)、《包头市 2021 年清洁取暖实施方案》等文件精神，安泰社区全力推进“煤改气”项目。

随着项目的推进，安泰社区的居民认为“煤改气”提高了日常生活的便捷度、舒适度，提升了他们的健康水平以及改善了他们的生活，但同时也存在着气源、生活成本、补贴、居民安全和售后服务方面的问题。本文分析了产生上述问题的原因并且提出了相应的对策建议，以期为后续的“煤改气”提供经验借鉴。

一、包头市安泰社区居民对“煤改气”的满意程度调查

（一）调查基本情况简介

本文以包头市安泰社区为调查对象，安泰社区是内蒙古包头市稀土高新区万水泉镇下辖社区，与泉丰社区、万泉佳苑社区、同官村、黄草洼村、小召湾村、交界营子村、四分公司社区、八分公司社区、十分公司社区、十一分公司

---

① 李依恩，张丽欣，魏晓瑜．乡村振兴背景下，关于农村“煤改气”实施问题的探讨［J］．居舍，2019（20）：158.

社区、十二分公司社区、红旗一连社区、红旗二连社区、红旗三连社区相邻。安泰社区是由原万水泉镇第一农业分公司、第二农业分公司和第三农业分公司于2019年城乡改制时结合而成，地处城乡接合部。2019年组建以来，经历了两届社区“两委”班子换届选举，在构建起城市基层党建工作初步框架的前提下，结合“不忘初心、牢记使命”主题教育工作和“我为群众办实事”活动，逐步摸索出党建引领、党委指挥、党员带头的有热度、有温度的“红色模式”，得到了居民群众的认可点赞。调查采用发放网络问卷的形式，收回有效问卷195份，调研的样本情况如表1所示。

表1　样本信息统计

项目	类型	人数（人）	百分比（%）
性别	男	99	50.77
	女	96	49.23
年龄	20岁及以下	0	0
	21～40岁	66	33.85
	41～60岁	129	66.15
	60岁以上	0	0
文化程度	初中及以下	102	52.31
	高中	54	27.69
	本科及大专	27	13.85
	本科以上	12	6.15
职业	农民	21	10.77
	个体户	30	15.38
	企事业单位员工	48	24.62
	无固定职业或待业	18	9.23
	其他	78	40.00
家庭月收入	2 000元及以下	30	15.38
	2 001～5 000元	78	40.00
	5 001～8 000元	54	27.69
	8 000元以上	33	16.92
家庭常住人口	1人	0	0
	2人	12	6.15
	3人	96	49.23
	4人及以上	87	44.62

资料来源：根据问卷调查数据整理。

被调查对象中女性和男性的人数分别是 96 人、99 人，人数占比分别是 49.23%、50.77%。由此可见，安泰社区的居民男女占比均衡，总体满意度不受性别的影响。

在被调查者年龄方面，20 岁及以下、21～40 岁、41～60 岁、60 岁以上的人数分别是 0 人、66 人、129 人、0 人，人数占比分别是 0、33.85%、66.15%、0。由此可见，本次填写问卷的人员年龄主要集中在 21～60 岁，可能是网络问卷调查这一形式导致的。针对这种现象，笔者决定采用访谈法对 20 岁及以下和 60 岁以上群体进行补充调查。

在被调查者文化程度方面，初中及以下、高中、本科及大专、本科以上的人数分别是 102 人、54 人、27 人、12 人，人数占比分别是 52.31%、27.69%、13.85%、6.15%。不难看出，安泰社区的居民文化程度普遍不高。

在被调查者职业方面，农民、个体户、企事业单位员工、无固定职业或待业、其他的人数分别是 21 人、30 人、48 人、18 人、78 人，人数占比分别是 10.77%、15.38%、24.62%、9.23%、40.00%。整体看来，本次问卷受访者的职业分布较均匀，样本具有一定的代表性。

在被调查者的家庭月收入方面，2 000 元及以下、2 001～5 000 元、5 001～8 000 元、8 000 元以上的人数分别是 30 人、78 人、54 人、33 人，人数占比分别是 15.38%、40.00%、27.69%、16.92%。在被调查者的家庭常住人口方面，1 人、2 人、3 人、4 人及以上的人数分别是 0 人、12 人、96 人、87 人，人数占比分别是 0、6.15%、49.23%、44.62%。综合家庭月收入和家庭常住人口两方面信息来看，安泰社区居民的收入水平一般，不算高。

（二）安泰社区“煤改气”发展现状及居民满意度情况

安泰社区有 2 200 户居民，在“煤改气”工程实施之前，所有居民都是以燃烧散煤的方式取暖、做饭等。安泰社区的“煤改气”是从 2021 年 9 月开始施工，2021 年 12 月底由于气温等客观因素暂时停工，四个月的时间完成了 1 600 户居民家中的“煤改气”安装工作。新装的燃气壁挂炉可同时满足做饭、采暖、生活用热水及其他需求，出水温度调节方便快捷，是用户提高生活品质的最佳选择。

1. 居民对“煤改气”认知情况

由图 1 可以看出，在调查的总样本 195 人中，非常了解和比较了解“煤改气”政策的居民分别占 4.62% 和 6.15%，这两类比重较小，总计占比 10.77%。由图 2 可以看出，只有 24.62%的居民看过“煤改气”的相关文件或公告。综合两方面结果来看，虽然很多居民家中进行了“煤改气”安装，但是实际上真正了解“煤改气”项目的居民占比很小。

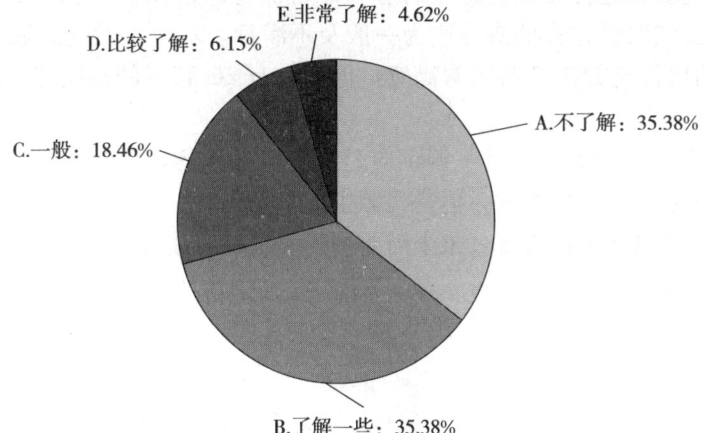

图 1　居民对“煤改气”政策了解情况

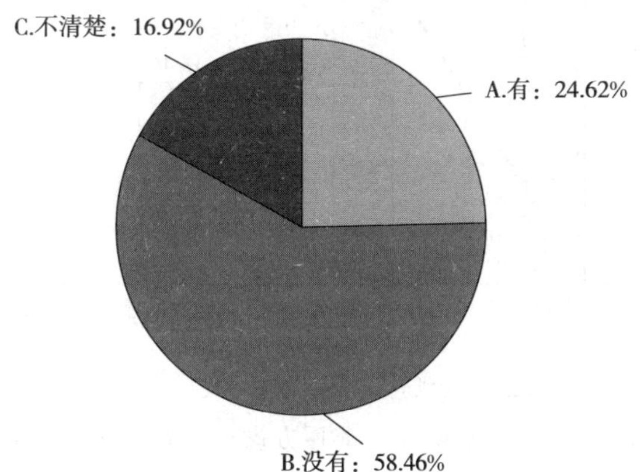

图 2　居民阅读“煤改气”文件情况

2. 居民对“煤改气”气源供应的满意度情况

在调研中，为安泰社区居民对“煤改气”项目满意度相关问题设置四种选项，分别为“不满意”“一般”“比较满意”“非常满意”。根据图 3 可以看出，对于气源供应的满意度评价为一般的居民最多，占比 44.62%。居民对气源供应不满意的程度达到 27.69%，一般和不满意的比重均超出比较满意（18.46%）和非常满意（9.23%）的比重。回答不满意和一般的被调查者人数占比为 72.31%。由此可见，很大一部分的居民不是很满意当前气源供应的情况，认为气源供应不足，不能很好地满足日常使用需求。

在“煤改气”之前，安泰社区的居民都是通过燃烧散煤取暖和做饭的，“煤改气”之后，居民用天然气代替了散煤，超过一半（63.08%）的居民对使用天然气取暖这种方式持比较满意和非常满意的态度，但仍有36.93%的居民对天然气取暖方式的满意度为一般及不满意。对于天然气的取暖效果有73.85%的居民比较满意和非常满意，但是也有26.15%的居民持不满意和一般态度。

足以看出，“煤改气”的气源供应是有一定保障的，取暖方式和取暖效果能够满足大多数居民的要求，但是气源供应不足也在一定程度上影响着居民对取暖方式和取暖效果的态度，未来需要加强气源供应建设。

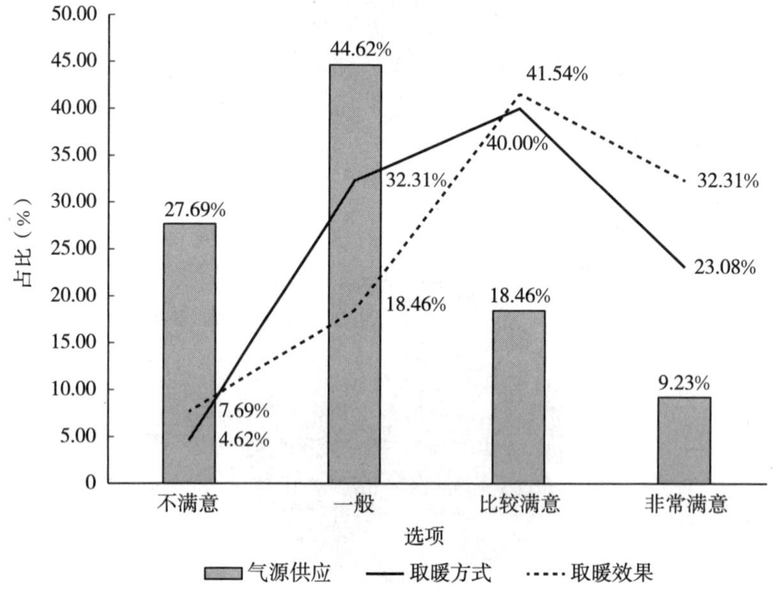

图3　居民对气源供应、取暖方式、取暖效果的满意度

3. 居民对“煤改气”后生活成本的满意度情况

根据调查问卷的结果来看（图4），对使用天然气的取暖成本不满意的居民占27.69%，一般的占41.54%，而比较满意和非常满意的比例分别为16.92%、13.85%。综合来看比较满意和非常满意的人数比例小于不满意和一般的人数比例，由此可以看出居民对使用天然气进行取暖的成本不太满意。

为了清楚地了解使用天然气带来的生活成本，在问卷调查时将“煤改气”生活成本问题细分为使用天然气取暖的取暖设备价位和每年取暖季的天然气取暖费用两个方面。使用天然气取暖，取暖设备价位为1 000元及以下、1 001～2 000元、2 001～3 000元、3 001～4 000元、4 000元以上的被调查者人数占比分别是18.46%、33.85%、26.15%、15.38%、6.15%（图5）；每年采暖季天然气取暖费用为1 000元及以下、1 001～2 000元、2 001～3 000元、3 001～4 000元、4 000元以上的被调查者人数占比分别是21.54%、

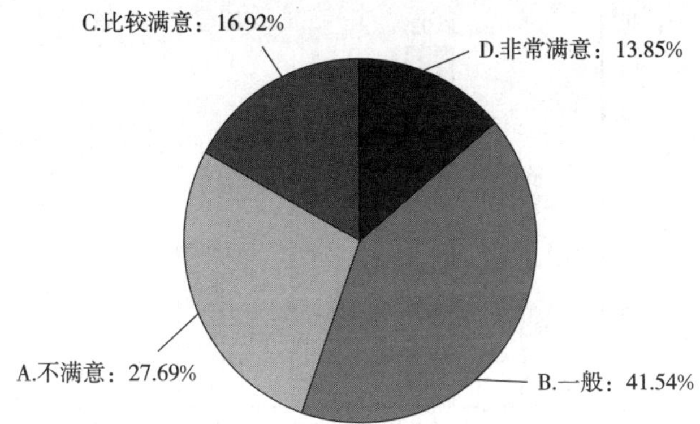

图4 居民对“煤改气”后生活成本的满意度

36.92%、26.15%、13.85%、1.54%（图6）。经过走访了解到，相较于燃烧散煤而言，天然气设备价格贵，采暖季散煤取暖费用达到3 000元以上的居民少之又少，但是使用天然气之后取暖费用在3 000元以上的居民占比达到15.39%。

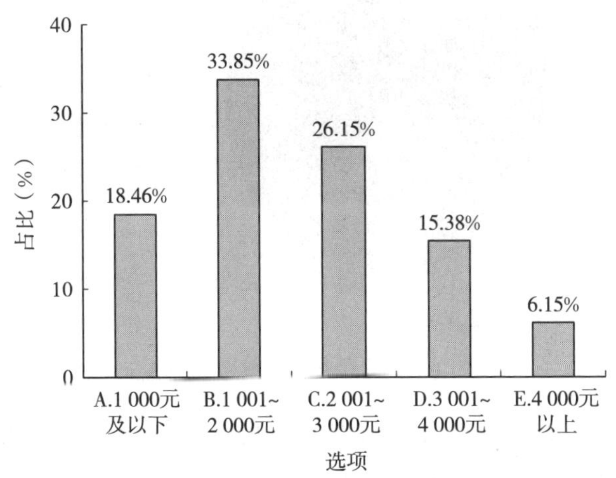

图5 天然气取暖设备价位分布情况

4. 居民对“煤改气”补贴政策的满意度情况

由图7可知，大多数居民对“煤改气”补贴政策持一般和不满意态度，其中选择“一般”的比重为33.85%，选择“不满意”的比重为27.69%，合计超过50%。这表明“煤改气”的补贴政策需要进一步改善，现阶段尚未达到居民较为满意的标准。

除了调查居民对“煤改气”补贴政策的满意度，本文还调查了政府的补贴额度。每年得到的政府补贴在500元及以下、501～1 000元、1 001～1 500

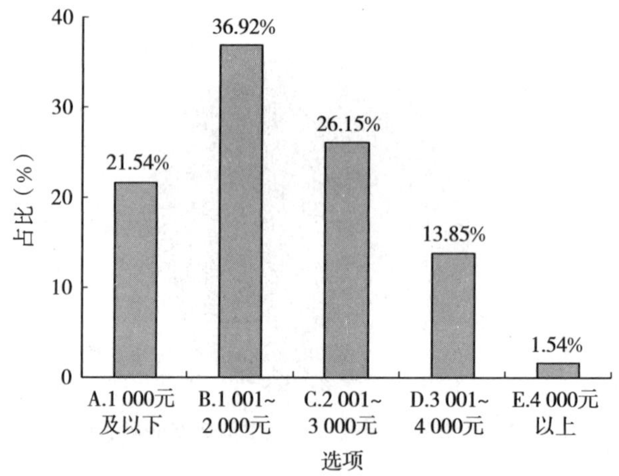

图 6　天然气取暖费用分布情况

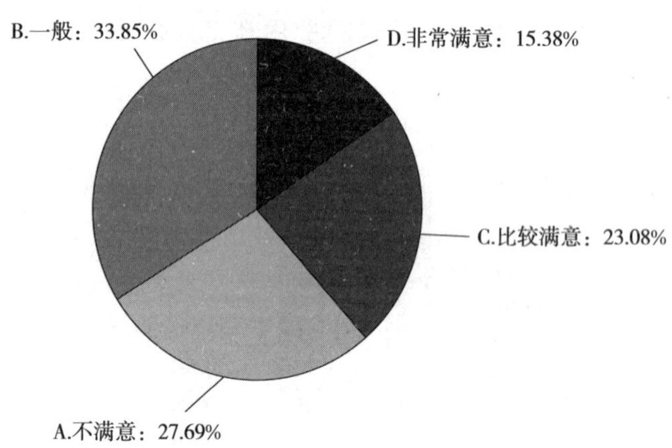

图 7　居民对补贴政策的满意度

元、1 500 元以上的被调查者人数占比分别是 18.46%、52.31%、24.62%、4.62%。由此可见，对取暖费用和补贴额度进行比较，补贴额度对于一些居民来讲还是稍有些低的。

5. 居民对“煤改气”安全性、售后服务等方面的满意度情况

为了了解居民对“煤改气”其他方面的看法，在开展问卷调查时，设置的问题涉及“煤改气”项目是否提高了生活便捷度和居民健康水平，以及“煤改气”的安全性、舒适度、改善生活情况和售后服务四个方面。根据调查结果可知，在“煤改气”项目是否提高了生活便捷度方面，83.08%的被调查者认为实施“煤改气”提高了生活便捷度，16.92%的被调查者持否定态度；在是否提高了居民健康水平方面，87.69%的被调查者认为“煤改气”项目提高了居

民健康水平，12.31%的被调查者持否定态度。由此看来，绝大部分居民还是认为“煤改气”项目能够提高生活便捷度和有益居民健康。

根据图 8 所示，居民对“煤改气”在舒适度和改善生活方面的满意度偏高，但是在安全性和售后服务方面，大多数居民选择的是“一般”和“不满意”。其中，在安全性方面，居民选择“一般”的比重为 35.38%，选择“不满意”的比重为 32.31%；在售后服务方面，居民选择“一般”的比重为 44.62%，选择“不满意”的比重为 32.31%。这表明“煤改气”项目在保障居民安全和售后服务两方面需要进一步改善，现阶段还没有达到居民较为满意的标准。

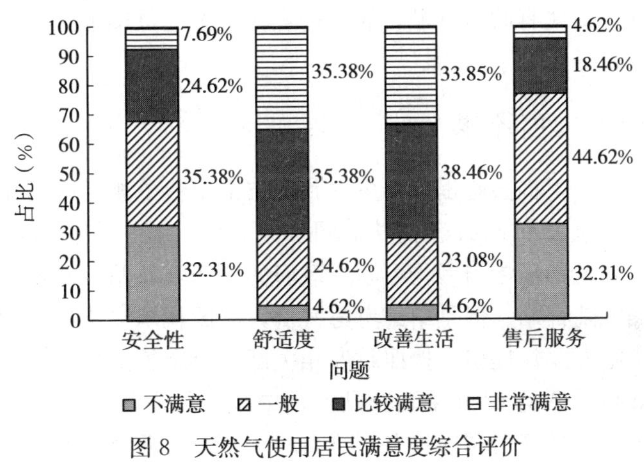

图 8 天然气使用居民满意度综合评价

二、包头市安泰社区“煤改气”中存在的问题

（一）气源供应不足

北方的冬天是比较冷的，要想保证取暖效果使居民冬天不受冻，首先要确保天然气的供应是正常的，天然气对居民的重要程度等同于水电。一旦天然气的供应出现问题，就会对居民生活产生很大的影响①。由上文调查结果可知，居民对气源供应的满意度评价为“一般”和“不满意”的占比之和达到 72.31%，大多数的居民都认为使用天然气之后，存在气源供应不足的问题，气源不足在一定程度上也会影响取暖的效果，部分居民受到气源不足的影响，对取暖效果和天然气这种取暖方式有一些不满意。

① 王雅丽．绿色发展背景下呼和浩特市“煤改气”政策执行研究［D］．呼和浩特：内蒙古农业大学，2021.

（二）居民生活成本过高

调查结果显示，只有 30.77％的居民满意“煤改气”后的取暖费用，相当多的一部分人认为“煤改气”增加了取暖成本。据了解，在“煤改气”之前，大部分的居民住房面积在 120 平方米以下，燃煤费用在 1 001～2 000 元，只有极少数房屋面积大于 120 平方米的居民，燃煤费用在 2 001～3 000 元。而使用天然气取暖之后，每年天然气取暖费用 2 001～3 000 元、3 001～4 000 元的被调查者人数占比分别是 26.15％、13.85％，所占比例为 40.00％。使用天然气需要购置相应取暖设备亦是造成居民生活成本过高的原因。从以上这些数据中我们能够发现，即使有政策补贴，居民的生活成本还是增加了不少，这给收入一般的居民的生活带来了负担。

（三）补贴力度不够

自“煤改气”工程实施以来，中央到地方都出台了相对应的补贴政策，包头市政府出台《包头市 2021 年清洁取暖实施方案》要求在全市范围内开展散煤治理工作，凡是积极参与者均可享受政府的工程款补贴、购置设备补贴、气费补贴、居民大院补贴。但是单纯考虑气价，居民就承受不了。《包头市 2021 年清洁取暖实施方案》提出，按照政府相关部门核定的面积数，每户每平方米每个采暖季最高可享受 12 元采暖补贴，其中政府每户每平方米每个采暖季补贴采暖费用 8 元，燃气公司相应补贴 4 元①。最后，折合气价即政府补贴 0.5 元/立方米，燃气公司补贴 0.25 元/立方米，用户实际承担气价 1.37 元/立方米。调查数据显示，在使用火炉取暖的情况下，只有极少数居民在采暖季的费用超出 3 000 元，但在使用天然气之后，有 15.39％的居民取暖费用在 3 000 元以上。即便享受着补贴，居民的取暖费用仍旧很高，而且据了解，补贴政策只在“煤改气”前三年有，三年之后居民就不再享有补贴了。

（四）安全性和售后服务质量低

图 8 数据显示，只有 32.31％的被调查者对“煤改气”的安全性持满意态度，23.08％的被调查者对“煤改气”的售后服务持满意态度。在“煤改气”工程实施之后，一个重要关注点就是“煤改气”是否会威胁到居民的安全，经过走访，发现居民火炉、炕和天然气一起用以及壁挂炉、燃气表安装在通风条

① 该价格只在每平方米每个采暖季气量为≤16 立方米且每户总采暖面积≤162 平方米时执行，超出部分，由用户自行承担 2.12 元/立方米的居民气价，如遇上游因素或者不可控因素涨价，需进行顺调。

件差的位置的情况较为多见，这些都是存在很大安全隐患的。售后服务亦是重要的环节，在实施“煤改气”工程的过程中由于赶进度，安装完毕后有关人员并没有教授居民该如何使用，比如遇到壁挂炉缺水、燃气费用完等情况，居民不知道怎么办，只能打客服电话，但是客服回应太慢了，隔几天才能解决，这就已经耽误事了。还有的村子虽然有相应的安全人员及售后人员，但这些人并不是专业的，在上岗前只经过几天的简单培训，所以不能很好地维修取暖设备，不能解决居民的燃眉之急。

三、包头市安泰社区“煤改气”中存在问题的原因

（一）“煤改气”项目未充分考虑气源保障问题

1. 国内天然气产能不足

“煤多、油少、气贫乏”是中国能源最突出的特征。根据国家统计局和国家能源局 2019 年 2 月公布的数据，国内煤炭产量远高于原油、天然气、风电、核电、水电等。最近几年，我国天然气的产量和消费量呈现出逐年增加的趋势，天然气的消费量大于天然气的产量，天然气消费量的增长率高于天然气产量的增长率[①]。

2. 进口天然气存在不确定性

根据《2018 年国内外油气行业发展报告》，中国已超越日本，成为世界最大的天然气进口国。2017 年我国大力推进“煤改气”工程，在当年我国冬季供暖用气的高峰期，作为我国进口管道气供应方的 A 国为保障本国冬季的供暖用气，削减对我国的天然气出口量，导致当时我国北方的许多城市出现不同程度的用气荒，影响居民供暖的同时也使得一些工厂被迫关闭。中亚一些国家减少对我国的天然气供应表面上是因为其国内遇到严寒天气增加了用气量、输气设备出问题需要维修等，实际上还是想借此机会抬高天然气的出口价格。

3. 储气设施滞后，调峰能力薄弱

我国的燃气消费具有显著的季节性特点，冬天的使用量相对较大，因此冬天被视为一年中的燃气消费高峰期，而夏季天然气消费量比较小，是天然气消费低谷期。政府和燃气公司不能确保天然气气源，缺少大规模的储气设施，没有建立完善的调峰机制。根据国际燃气联盟的数据，当一个国家的天然气对外依赖程度为 30％时，这个国家的地下储气库有效产能应占天然气年消费量的 12％以上。然而，目前国内的地下储气库的有效产能占比仅为 2.4％，显然不足以应付紧急事件的需要。

---

① 高黎敏．煤改气后天然气气源不足的分析［J］．煤气与热力，2019，39（12）：22-23.

包头市安泰社区根据上级政府的要求，在 2021 年 9 月开工“煤改气”项目，12 月底完成了将近 73%居民住户的“煤改气”工作，一味地赶进度，却没有考虑到气源供应是否有足够的保障。

（二）“煤改气”政策未充分考虑群体差异

现行的“煤改气”政策太过笼统，没有考虑群体之间的差异，没有充分考虑困难群体的经济承受能力。在这样的情况下，一味地推行“煤改气”政策是不切实际的，没有做到从实际出发、实事求是，对于有些特殊群体来说他们是无法承担相应费用的。即使有政府的补贴，购置天然气取暖设备和采暖季的取暖费用也是个不小的数目。对不同群体只有一套固定的政策，没有考虑实际情况。

通过调查了解到，家庭月收入在 2 000 元及以下的居民占 15.38%，有的居民文化水平低，没有固定的工作，缺乏稳定的收入来源，同时还要赡养老人，供孩子读书，如果没有相应的政策补贴，那支付燃气成本对他们来说无疑是雪上加霜。所以政府部门在制定政策时，这些都应该纳入考虑范围。在某种意义上，既可以减少居民的生活费用，又可以改善“煤改气”项目的居民满意度。

（三）“煤改气”项目补贴方案不完善

1. 补贴方案不具持续性

政府的补贴政策是“煤改气”项目顺利进行的有效推手。居民是否能持续使用天然气，关键得看补贴政策是否能持续合理地实行。“煤改气”项目的补贴政策试行三年，三年之后，居民不再享受补贴。对于很大一部分居民来说，在有补贴的情况下，“煤改气”的费用已经一定程度上增加了他们的生活成本，居民满意度有所降低。三年后，如果没有政策补贴，那么“煤改气”能否继续顺利推行，将会成为一个大问题。

2. 补贴方案不灵活

家庭成员、家庭收入、住房供暖面积、家庭特殊情况、房屋结构等都是“煤改气”补贴中需要考虑的因素。比如对家庭成员多、收入少、住房供暖面积大、有老人要赡养、家中有病人、房屋漏风不严实等情况，政府进行补贴时应考虑差异化补贴。如果不考虑以上情况，对所有家庭都采取同样的补贴方式，那么无疑会拉开居民的生活成本差距，增加部分居民的负担，富有的居民会随意用气甚至浪费天然气，生活拮据的居民会不舍得用气甚至挨冻过冬。

（四）安全意识薄弱和售后服务体系不完善

1. 安全意识淡薄，宣传、检查不到位

居民安全意识淡薄，对天然气相关知识了解得太少，尽管社区已经强调过

火炉、炕、天然气不能一起使用，但是有一部分居民因为种种原因还是同时使用，并且有些居民的厨房里没有窗户或者窗户紧闭，在没有较好通风条件的情况下摆放着燃气灶具、电磁炉等家用电器。

燃气公司不注意安全宣传和检查，安装完壁挂炉等设备后，送上气直接给居民使用，居民不了解天然气的危险性，对怎样正确使用天然气、壁挂炉缺水怎么办、欠费怎么办、一旦发生危险如何处理等基本常识都不清楚。而且燃气公司在居民用上天然气后应该定期地进行检查，以免发生不必要的危险。在采暖季，有些居民为了省钱，在封闭的同一房间内用火炉燃煤取暖，而用天然气做饭的现象也相当普遍，双火源是存在安全隐患的。

2. 售后服务处理不及时，专业人员少

家中天然气设备若出现问题，居民自己不会处理，只能给燃气公司客服打电话，但是燃气公司的回应往往很慢，得等三四天才会有人过来处理，在这期间，所有问题都处于搁置状态。社区也没有专业的人员过来解决，有些小问题可以处理，大毛病他们也不懂，只知道皮毛。尤其在采暖季，如果壁挂炉等天然气设备出现问题，居民就会受冻，从而打击居民使用天然气的积极性，降低居民对“煤改气”项目的满意度。

四、完善包头市安泰社区“煤改气”工作的对策建议

（一）多措并举提高气源保障能力

1. 加快对国内天然气的开发

提高我国非常规天然气（包括致密砂岩气、煤层气、页岩气和天然气水合物）的采掘装备的工作效率和品质，加快开发进度。要积极寻找更多的天然气气源，开辟新的大气区和新的产气层，增加对气井特别是超深井的钻探，即使是天然气资源十分丰富的国家，如果没有足够的气井开发作保障，也很难成为产气大国①。加强对天然气开采的政策和资金的倾斜，同时激发开采人员的积极性。

2. 构建进口气源多元化的体系

通过加强对外交流，引进外国的天然气，并充分发挥“一带一路”建设作用，把我国在其他方面的优势转化为天然气合作方面的优势，与他国建立友好的合作关系，推进多元化的贸易形式，从而优化进口天然气的来源。同时还可以拓展气源的种类，综合运用管道气、非常规天然气、液化天然气等各种气

① 戴金星，倪云燕，董大忠，等．“十四五”是中国天然气工业大发展期——对中国“十四五”天然气勘探开发的一些建议［J］．天然气地球科学，2021，32（1）：1－16.

源，推动当地燃气公司增加供气渠道，更好地解决气源供应不足的问题。

3. 加强储气调峰设施建设

保障“煤改气”气源运输调配，采用先进的技术，逐步形成“主干互联、区域成网”的天然气基础网络①。同时，要尽快建成天然气接收站，并积极引导各机构投资地下天然气储备，并在此基础上建立天然气调峰交易系统，允许气量等进入市场交易，通过液化天然气、地下储气库等储备方式缓解气荒的问题。多发展一些可中断的用户，比如双气源的用户，促进调峰时灵活用气。

4. 保障居民用气，做好基层工作

基层社区应当深入贯彻绿色发展理念，坚决打赢蓝天保卫战，每个网格选出几名志愿者，以居民会议的方式一起商讨解决气源供应不足所带来的问题，在采暖季之前，就作好该年度的用气计划，并且及时地做好衔接工作，安排专人与天然气公司对接，尽快落实气源储量。在用气紧张的时间段里，鼓励居民错峰使用天然气。对于气源供应不足导致的没有办法做饭、取暖等一系列问题，社区干部以及服务人员应该及时安抚居民的不满情绪，高度关注居民家里用气的情况，定期对供暖设施进行维护，联系供暖公司及时检修天然气管网、储气设施等，保障热源、热网、室内末端等设备安全运行。

（二）“煤改气”政策制定关注群体差异

居民的生活成本是推行“煤改气”政策必须要考虑的重点。在制定相关的政策时，要充分顾及本地区居民的现实状况，注重不同居民的收入差距，采取相应的措施来缓解困难居民的经济负担，让他们更好地参与到“煤改气”项目中。对于低收入群体、特殊群体要调整补贴形式，实施差异化补贴政策。同时，根据当地天然气在取暖季的使用量制定阶梯价格，这在一定程度上不仅能够降低居民的生活成本，而且还能有效抑制居民使用天然气浪费的现象。

安泰社区要注重运用“人情化”管理模式，加强对困难户、低保户等群体的关注，在这些群体当中，缺乏经济能力的老人占大多数。因此，采暖季时，社区应该多去居民家中走访，实时了解居民的问题，及时解决居民所面临的困难。

（三）进一步完善补贴方案

1. 完善可持续性的补贴及激励机制

提高补贴的针对性和有效性，在政府和燃气公司三年补贴结束后，安泰社区积极展开对每户居民的意见统计，从而整体性地对补贴效果进行评估，再决

① 李慧，张睿宁，徐金红．中国“煤改气”面临的挑战及对策建议［J］．政策研究，2021，29（10）：40－41．

定是否要继续进行补贴。对补贴详情要在社区以及相关的微信群发布年度报表，让居民对补贴有清楚的了解。设置补贴气价的财政专项，更好地发挥财政资金的作用。此外，加强对用户端安装费用、设备购置、取暖费用等的补贴，不仅可以缓解居民的压力，而且可以带动天然气管道和其他基础设施的发展。政府要适时转换补贴思路，单纯依靠财政补贴对政府来说压力过大，要拓宽资金的筹集渠道，引进民间资金，积极探索建立与基层政府、金融机构、燃气企业等的新型合作机制和途径，为“煤改气”拓宽资金渠道。

2. 实施递减补贴的价格机制，改变居民用暖习惯

通过调查发现，居民的收入还是有差距的，单一的补贴方式会直接造成高收入群体用气浪费、低收入群体不舍得用气的现象。因此，应针对不同收入群体实行不同的补贴标准，适度减少对中高收入人群的补助。同时还可以推进采暖用气和日常用气补贴额度差异化，在采暖季用气量大时，增加补贴额度，反之，适当减少补贴额度。培养居民的科学用暖习惯，比如白天家里没人时可以关掉阀门，等有人时再打开阀门进行取暖；在保证通风的情况下，关好房间的门窗，从而降低壁挂炉的运行温度。

（四）加强宣传和提升售后服务水平

1. 加大宣传引导和定期检查力度

积极在当地宣传“煤改气”项目的意义、工作要求、相关政策，以取得居民的理解、支持、配合。社区联合燃气公司开展“燃气走进社区”等活动，设立咨询服务平台，线上线下实时回答居民疑问，发放《安全用气手册》《天然气安全常识》等手册，利用发达的互联网平台与定期举办讲座等，分享天然气的相关知识。政府可以设计安全用气、安全使用壁挂炉小视频、动画或者用气知识小游戏，浏览完成后或游戏闯关成功后给予一定的奖励，这样不仅可以激发群众的热情，还可以拓宽居民安全用气的知识面，提高居民的安全意识。

“煤改气”并不是安装完毕就算结束，出于居民的生命安全和“煤改气”有效推进的考虑，后期的巡回检查是必不可少的。应实行网格化管理，网格员协助发挥巡查作用，及早地发现问题、解决问题。定期统一组织“煤改气”的安全员到社区里参加培训与模拟演练，让居民拥有理论和实践两方面的安全用气能力，防患于未然。

2. 加大维护队伍的建设力度

聘请当地的气工，对他们进行专业性的培训，让他们协助燃气公司开展日常燃气设施安全检查工作，对燃具进行简单的维修，在居民遇到问题时提供及时且专业的服务，让居民不再面临遇到问题束手无策、得不到及时解决的困境。

设置集购气、缴费、检修、维护与安全等多种服务于一体的有效的基层综合燃气服务站，设立燃气服务热线电话，加强对服务站工作的监督，保证居民能够得到及时、热心、人性化的服务。

五、结语

通过对包头市安泰社区"煤改气"项目居民满意度的研究，发现"煤改气"项目在给居民带来益处的同时也产生了一些问题。"煤改气"项目推行之后，在一定程度上提高了居民的健康水平和生活舒适度、便利度。但是"煤改气"项目也有让居民产生不满的地方，应通过增强保障气源能力、关注群体差异制定政策、完善补贴方案、加大宣传、提升售后服务水平等方式减轻居民的不满，为包头市安泰社区更好地实施"煤改气"保驾护航。

当然，研究也存在不足之处，比如样本容量是 195 人，在某种意义上，样本数量偏低，在今后的研究中有待进一步拓展。

参 考 文 献

陈妍，2019. 持续推进我国"煤改气"工作的建议［J］. 中国经贸导刊（10）：65－67.

崔彦鹏，2021. 规范城镇"煤改气村村通"天然气管道工程建设的建议分析［J］. 中国石油和化工标准与质量，41（8）：121－122.

戴金星，倪云燕，董大忠，等，2021. "十四五"是中国天然气工业大发展期——对中国"十四五"天然气勘探开发的一些建议［J］. 天然气地球科学，32（1）：1－16.

堵鹤明，樊珍娜，2019. 定价模式的设计优化与价格补偿机制的研究——基于河北省煤改气农户的调查数据［J］. 河北企业（12）：59－60.

杜琛仪，任静静，路元昊，2018. 关于京津冀地区煤改气、电政策的问题分析［J］. 经贸实践（9）：54.

冯相昭，赵梦雪，王鹏，等，2020. 冬季取暖"煤改气"实施现状与案例地区经验做法探讨［J］. 环境与可持续发展，45（3）：31.

高黎敏，2019. 煤改气后天然气气源不足的分析［J］，煤气与热力，39（12）：22－23.

侯飞飞，候宗斌，2018. 太原市执行"煤改气"的影响与效果［J］. 经营与管理（9）：134－137.

侯振海，朱力，周阳，等，2018. 乡镇"煤改气"工程的安全隐患及对策分析［J］. 石化技术，25（1）：211－212.

李财，2019. 煤改气的意义及发展趋势［J］. 山西科技，34（2）：105－106.

李晨凯，2020. "煤改气"实施效果及推进阻力分析［J］. 山西建筑，46（13）：140－141.

李丹，高彬，2021. 基于"三圈理论"的山东冬季清洁取暖"煤改气"政策执行分析［J］. 辽宁行政学院学报（1）：40－45.

李慧，张睿宁，徐金红，2021. 中国“煤改气”面临的挑战及对策建议［J］. 政策研究，29（10）：40－41.

李依恩，张丽欣，魏晓瑜，2019. 乡村振兴背景下，关于农村“煤改气”实施问题的探讨［J］. 居舍（20）：158.

马仕豪，2021.“煤改气”效益及问题分析——基于对河北省的调研［J］. 黑龙江科学，12（10）：150.

彭旭，谌冉冉，彭欣城，等，2019. 居民对“煤改气”政策的满意度及其影响因素［J］. 现代商贸工业，40（23）：145－146.

冉龙飞，2018. 农村“煤改气”工程相关问题及解决措施［J］. 城市燃气（12）：29－32.

孙慧，2018. 煤改气发展的四个趋势［J］. 中国石化（10）：21－24.

王嘉琦，杨梅，张振迎，2020. 河北遵化市农村“煤改气”调研及分析［J］. 山西建筑，46（12）：192.

王雅丽，2021. 绿色发展背景下呼和浩特市“煤改气”政策执行研究［D］. 呼和浩特：内蒙古农业大学.

徐发忠，王书森，岳成伟，等，2018. 关于农村“煤改气”安全相关问题的探讨［J］. 城市燃气（4）：38－41.

杨文楠，2020. 农村煤改气工程存在的问题及改善策略［J］. 管理（5）：159－160.

张雪婷，2020. 乌鲁木齐农村地区“煤改气”政策实施满意度分析［J］. 南方农机，51（2）：12－13.

土默特右旗义工联合会参与公共服务供给问题探析

吕　晨

2006年中国共产党第十六届六中全会第一次正式提出“社会组织”概念，从此“社会组织”一词开始出现于公众的视野之中。2016年中共中央办公厅、国务院印发了指导社会组织发展的纲领性文件《关于改革社会组织管理制度促进社会组织健康有序发展的意见》，对于社会组织的发展有着深刻的影响。党的十九大提出社会组织在各方面应充分发挥自己的作用，在社区自治管控中社会组织要有所作为①。2021年的《“十四五”社会组织发展规划》强调要引导支持社会组织发展，推动其承接政府职能，发挥社会组织在动员社会力量、链接各方资源、提供专业服务方面的优势。2022年全国两会的政府工作报告中再次提出：要积极推进社会治理共建共治共享，健全社会信用体系；发展社会工作，支持社会组织的健康发展②。这些都充分证明了社会组织在参与社会治理方面的意义重大。基于此，对于社会组织参与公共服务供给的研究，可以有效地推进社会管理体制改革并不断促进政社良性互动。如今，国内对于社会组织参与公共服务供给的相关研究还处于初级阶段，学术界的各位学者也在积极探索社会组织参与公共服务供给的现实情境、政策统筹机制以及发展路径。土默特右旗义工联合会作为一个公益性社会组织在参与当地的公共服务供给中取得了一些成效，但同时也遇到了很多现实的困境，严重制约了其参与公共服务供给的发展进程。因此，本文对土默特右旗义工联合会参与公共服务供给的相关情况进行研究，希望可以为其他社会组织破解公共服务供给困境、提升公共服务供给能力提供借鉴。

一、相关概念界定

（一）社会组织

社会组织在中西方学术界有较多不同的称谓，如表1所示。称谓不同，内

① 田婧钰．社会组织参与公共服务的问题探究［J］．社会科学前沿，2020（10）．

② 第十三届全国人民代表大会第五次会议《政府工作报告》，2022年3月5日。

涵也各有侧重。在我国，“社会组织”的概念第一次出现于中共中央第十六届六中全会通过的《关于构建社会主义和谐社会若干重大问题的决定》中，此前“社会组织”被称为“民间组织”，从此以后，“社会组织”便代替了“民间组织”，广泛活跃于学术界及社会生活之中。

现如今，社会组织的概念逐渐明确且学界已达成共识，即“社会组织是在国家法律、制度架构内，介于国家—政府体系和市场—企业体系之间的，由公民自愿组成的，在一定程度上具有非政府性和非营利性特征的各种组织形式[①]”。社会组织依据不同的标准可以划分为不同的类型，国际上通用的划分方法就是美国学者莱斯特·萨拉蒙教授的 ICNPO 分类法，按照不同的领域分为 12 大类[②]。国内官方使用的是民政部的三类划分；学术界影响力较大的是清华大学 NGO 研究所王名教授的广义和狭义的划分；还有其他不同标准的划分，具体如表 1 所示。

表 1　社会组织综合分类

地区	称谓	分类者	划分标准	详细分类
国外	非营利组织、非政府组织、第三部门、慈善组织、志愿组织、民间团体	莱斯特·萨拉蒙（ICNPO分类法）	文化和娱乐	文化和艺术
				体育
				其他娱乐和社交俱乐部
			教育和研究	初等教育和中等教育
				高等教育
				其他教育
				研究
			卫生保健	医院和康复
				护理中心
				心理健康和危机干预
				其他卫生保健服务
			社会服务	社会服务
				应急和救济
				收入支持和维持
			环境	环境
				动物保护

① 赵佳佳．社会组织相关概念的分析与界定［J］．行政与法，2017（24）．

② 莱斯特·萨拉蒙．全球公民社会：非营利部门视界［M］．贾西津，魏玉，译．北京：社会科学文献出版社，2002：386．

（续）

<table>
<tr><th>地区</th><th>称谓</th><th>分类者</th><th>划分标准</th><th colspan="3">详细分类</th></tr>
<tr><td rowspan="11">国外</td><td rowspan="11">非营利组织、非政府组织、第三部门、慈善组织、志愿组织、民间团体</td><td rowspan="11">莱斯特·萨拉蒙（ICNPO分类法）</td><td rowspan="3">发展和住宅</td><td colspan="3">经济社会和社区发展</td></tr>
<tr><td colspan="3">住宅</td></tr>
<tr><td colspan="3">就业和培训</td></tr>
<tr><td rowspan="3">法律倡导和政治</td><td colspan="3">公民和倡导性组织</td></tr>
<tr><td colspan="3">诉讼和法律服务</td></tr>
<tr><td colspan="3">政治组织</td></tr>
<tr><td>慈善中介和志愿促进</td><td colspan="3">慈善中介和弘扬志愿精神</td></tr>
<tr><td>国际</td><td colspan="3">国际活动</td></tr>
<tr><td>宗教</td><td colspan="3">宗教聚会和协会</td></tr>
<tr><td>商业和专业协会、工会</td><td colspan="3">商业和专业协会、工会</td></tr>
<tr><td>其他</td><td colspan="3">其他组织</td></tr>
<tr><td rowspan="21">国内</td><td rowspan="21">民间组织、社会组织</td><td rowspan="14">官方（民政部）</td><td rowspan="5">社会团体</td><td colspan="3">学术性社会组织</td></tr>
<tr><td colspan="3">行业性社会组织</td></tr>
<tr><td colspan="3">专业性社会组织</td></tr>
<tr><td colspan="3">联合性团体</td></tr>
<tr><td colspan="3">其他</td></tr>
<tr><td rowspan="7">民办非企业单位</td><td colspan="3">教育事业类</td></tr>
<tr><td colspan="3">卫生事业类</td></tr>
<tr><td colspan="3">文化事业类</td></tr>
<tr><td colspan="3">科技事业类</td></tr>
<tr><td colspan="3">体育事业类</td></tr>
<tr><td colspan="3">劳动事业类</td></tr>
<tr><td colspan="3">民政事业类</td></tr>
<tr><td rowspan="2">基金会</td><td colspan="3">公募基金会</td></tr>
<tr><td colspan="3">非公募基金会</td></tr>
<tr><td rowspan="7">学术界（清华大学NGO研究所所长王名教授）</td><td rowspan="7">依据社会组织运作主体和服务对象</td><td rowspan="4">狭义</td><td rowspan="3">民政部登记注册</td><td>社会团体</td></tr>
<tr><td>社会服务机构</td></tr>
<tr><td>基金会</td></tr>
<tr><td colspan="2">未能合法登记的各类社会组织</td></tr>
<tr><td rowspan="3">广义</td><td colspan="2">上述狭义组织</td></tr>
<tr><td colspan="2">提供社会服务的各类事业单位</td></tr>
<tr><td colspan="2">参加社会治理的各级各类人民团体</td></tr>
</table>

（续）

地区	称谓	分类者	划分标准	详细分类
国内	民间组织、社会组织	学术界（清华大学 NGO 研究所所长王名教授）	其他不同划分标准：	
			法律地位	法定民间组织 草根民间组织 准民间组织
			组织性质	公益性组织 互益性组织
			组织体制	会员制 非会员制
			组织结构	松散型 紧密型 金字塔型 网络型
			管理形式	有业务主管 无业务主管 业务主管单位不明
			与政府关系	官办 半官办 民办

资料来源：根据知网有关社会组织的期刊、学术论文整理所得。

（二）公益性社会组织

由表 1 中社会组织的分类可知：社会组织按照组织的性质可以分为公益性社会组织和互益性社会组织。这一分类标准最主要是与服务对象和税收优惠条件密切相连。公益性社会组织主要是为社会上不特定多数人群提供公共服务，因而享有较大力度的税收优惠；而互益性社会组织的受益主体是组织内部成员，有点像放大了的企业，因而享有有限的税收优惠[①]。土默特右旗义工联合会属于公益性社会组织，因此，公益性社会组织便是本文的研究重点。

公益性社会组织也是学者们研究的重点。有学者从公益性社会组织的法律特征对其进行界定：服务对象为不特定多数人；活动领域具有广泛性和灵活

① 王名，刘培峰．民间组织通论［M］．北京：时事出版社，2004：26.

性；活动效果应具有正效应；提供服务的方式可分为有偿和无偿两种情形，且有偿必须符合公共服务的本质①。有学者认为公益性社会组织的核心属性是社会性，主要体现在自愿性和公共性上，且应该具备明确的社会使命、提供社会关怀②。综合上述学者观点，本文将公益性社会组织界定为具有社会组织的所有性质，在法律允许的范围内，以社会公益事业为目标，在教育、文化、医疗卫生、环境保护等领域向社会中不特定的多数人以无偿或较为优惠的条件提供服务的社会组织。

（三）公共服务

“公共服务”一词最早出现于1998年第九届全国人民代表大会第一次会议中转变政府职能的要求之中，在2002年第九届全国人民代表大会第五次会议中，公共服务正式成为我国政府的四大职能之一。2016年，顾平安教授在《推行公共服务便捷化，切实转变政府职能》中对公共服务的概念作了界定：公共服务是指由政府部门、国有企事业单位和相关中介机构履行法定职责，根据公民、法人或者其他组织的要求，为其提供帮助或者办理有关事务的行为③。

随着“公共服务”一词多次出现于政府文件中，公共服务也成为学界研究的焦点。学者马英娟综合理论界对公共服务的不同理解后提出，公共服务是指政府基于公共利益的需要，在个人无法自力获得的情况下，采取直接或间接的方式满足社会公众基本生存和发展需要的职责和功能④。还有学者认为公共服务的供给主体除政府外还包括企业和社会组织；公共服务的供给领域主要是民生保障领域，涉及教育、就业、社会保障、医疗卫生、人口与家庭、住房、文化体育等；公共服务的供给宗旨是实现和保障社会公众的共同利益⑤。公共服务的具体分类如表2所示。

基于此，本文所研究的公共服务特指公益性社会组织坚持自愿和互助原则，为了实现和保障社会公众的利益，无偿或者部分无偿地向社会公众提供的教育、文化体育、医疗卫生、社会保障、就业等民生保障领域的服务。

---

① 杨道波，王旭芳．公益性社会组织的法律定位思考［J］．理论探索，2009（3）．

② 康晓强．公益组织与灾害治理［M］．北京：商务印书馆，2011：24．

③ 顾平安．推行公共服务便捷化，切实转变政府职能［EB/OL］．（2016－01－14）．http：//www.gov.cn/xinwen/2016－01/14/content_5032926.htm．

④ 马英娟．公共服务：概念溯源与标准厘定［J］．河北大学学报（哲学社会科学版），2021，37（2）．

⑤ 姜砚．民间公益组织供给公共服务的“同心圆”资源动员模式研究［D］．上海：上海师范大学，2020．

表 2　公共服务综合分类

<table>
<tr><th>标准</th><th>大类</th><th>细分</th></tr>
<tr><td rowspan="3">公共服务的性质和功能</td><td>维护性公共服务</td><td>产权保护类
维护市场类
一般政府服务类
国防支出类</td></tr>
<tr><td>经济性公共服务</td><td>公用事业公共服务
生产者的公共补贴
公共基础设施建设
环境保护公共服务</td></tr>
<tr><td>社会性公共服务</td><td>教育公共服务
公共医疗卫生公共服务
社会保障公共服务
就业公共服务</td></tr>
<tr><td rowspan="2">公共服务水平</td><td>基本公共服务</td><td>义务教育
公共卫生体育
社会保障
社会救济
公共安全保障</td></tr>
<tr><td>非基本公共服务</td><td>高福利</td></tr>
</table>

资料来源：根据知网有关公共服务的期刊、学术论文整理所得。

二、土默特右旗义工联合会参与公共服务供给的现状及成效

（一）土默特右旗义工联合会的概况

1. 土默特右旗义工联合会简介

土默特右旗义工联合会（简称土右义工）是一个非营利性的公益性社会组织，其社会目标为帮助服务对象增强自身能力，协调社会资源，解决社会问题。

土右义工正式成立于 2014 年 1 月 8 日，组织内部设立了党组织，接受业务主管单位土右旗旗委宣传部（文明办）的业务指导和土右旗民政局的监督管理。土右义工最初由 6 个公益爱好者发起，服务范围也只局限于义卖、捐助和环保，土右义工成立的宗旨在于“服务社会，传播文明”、倡导并宣传义工精

神。经过8年的发展，土右义工日益壮大，由起初的6名创办者发展到现在的1 401名志愿者和246名正式会员，截至2021年底，已有10个爱心企业/商家为土右义工提供捐助与支持（表3）。

表3　2021年度企业/商家捐赠信息汇总

序号	企业/商家名称	捐赠资金（元）
1	包头市泓德劳务服务有限公司	3 000
2	土右旗喜玛特购物广场有限公司	3 000
3	吉林纳海农业装备有限公司	2 000
4	土默特右旗将军尧瑞花养殖场	1 000
5	华纳国际影城	1 000
6	包头市坤易源饮品有限责任公司	1 000
7	常州东风农机集团有限公司	1 000
8	内蒙古敕勒鸿农牧业机械有限公司	1 000
9	土默特右旗拖拉机驾驶员培训学校	1 000
10	鑫来顺铜锅涮肉	1 000
总计		15 000

资料来源：土默特右旗义工联合会2021年度企业/商家捐赠信息。

土右义工始终围绕“义工123”的工作思路开展公益活动：“1”是指“一个中心”，即奉献自我、服务社会；“2”是指“二个重视”，即重视中华民族传统文化、重视传承爱国主义教育；“3”是指“三个关爱”，即关爱青少年、关爱老人、关爱社会。土右义工作为一个综合性的独立公益团体，内部的组织架构与管理运作模式渐趋完善，于2016年建立了团组织、工会、妇联，2019年进行职能分工，设立了办公室、财务部、宣传部、网络部、外联部、策划部6个办事机构，并分别由专职人员负责相应的工作。截至2022年1月，共组织各种活动860余场，累计参加活动人数达16 000余人次，累计服务时长80 000余小时（表4），累计捐物折合人民币共计约40多万元。他们的足迹遍布土右的每一个角落，成为土右旗共建和谐社会的一个亮点。

表4　2017—2022年度开展活动信息汇总

序号	年度	活动数（场）	活动总时长（小时）	活动人数（人）
1	2017	109	12 970.36	2 228
2	2018	179	14 467.52	3 217
3	2019	187	18 258.29	3 257

（续）

序号	年度	活动数（场）	活动总时长（小时）	活动人数（人）
4	2020	202	19 799.40	4 219
5	2021	167	13 497.98	3 106
6	2022（1月）	20	1 370.38	164
总计		864	80 363.93	16 191

资料来源：土默特右旗义工联合会年度工作报告。

土右义工还积极探索志愿者小时星级、时间储蓄等各类社会激励机制。将每位义工的服务时间进行累计，以 100 小时为单位评定一星级到五星级义工，以此来提升志愿者的成就感。同时，志愿者可以根据志愿服务的时间累计积分，凭“爱心积分”到爱心超市进行实物或服务换购，让他们在服务社会的同时也享受社会给予的回馈，提升志愿者的幸福感，从而点燃志愿者的服务热情[①]。

2. 受访者基本信息

为了进一步了解土右义工参与公共服务供给的实际情况，本文采用线上问卷调查和线下访谈相结合的方法对土右义工参与公共服务供给的现状以及存在的问题进行调查研究。土右义工共有会员 246 人，本次的线上问卷调查共收回有效问卷 178 份，受访者占会员总人数的七成以上，因此调查结果的可信度和准确率较高。问卷调查的结果显示，在土右义工的队伍中，女性远多于男性，年龄主要分布于 18～40 周岁、41～60 周岁，汉族人居多，学历以高中/中专为主，志愿者来自社会各行各业，其中学生占比最高，党员和团员总占比约 32%（表 5）。

表 5　调查对象基本信息

问题	选项	百分比（%）
性别	女	69.66
	男	30.34
年龄	18 周岁及以下	8.43
	18～40 周岁	46.63
	41～60 周岁	43.26
	60 周岁以上	1.69

① 资料来源：土右旗义工联合会简介。

（续）

问题	选项	百分比（%）
民族	汉族	92.70
	蒙古族	5.62
	回族	1.12
	满族	0.56
学历	小学及以下	0.56
	初中	29.21
	高中/中专	32.02
	专科/大专	18.54
	本科	19.10
	硕士研究生及以上	0.56
职业	公务员或参公人员	2.81
	教师或研究人员	2.81
	企业人员	7.30
	学生	28.09
	工人	2.81
	农民	13.48
	自由职业	14.61
	下岗人员	0.56
	退休人员	10.67
	其他	16.85
政治面貌	中共党员（包括预备党员）	12.92
	共青团员	19.10
	民主党派人士	0
	群众	67.98

资料来源：根据问卷调查结果汇总。

此外，笔者还通过线下访谈的形式向土右义工的两位主要负责人了解了土右义工参与公共服务供给的过程中存在的一些问题，作为对线上问卷调查的补充（表6）。

（二）土默特右旗义工联合会参与公共服务供给的现状

1. 土默特右旗义工联合会参与公共服务供给的领域及服务内容

问卷调查结果反映出，土右义工参与公共服务供给的领域较广，但主要力量还是集中在弱势群体社会保障、生态文明建设、医疗卫生三个领域（图 1）。

表 6　访谈对象基本信息

人员	性别	民族	年龄	学历	政治面貌	职业	担任职位	访谈时间
A	男	汉族	41	本科	中共党员	造价工程师	会长（理事长）	2022.03.04
B	男	汉族	42	专科	中共党员	个体工商户	秘书长	2022.02.26

资料来源：访谈所得。

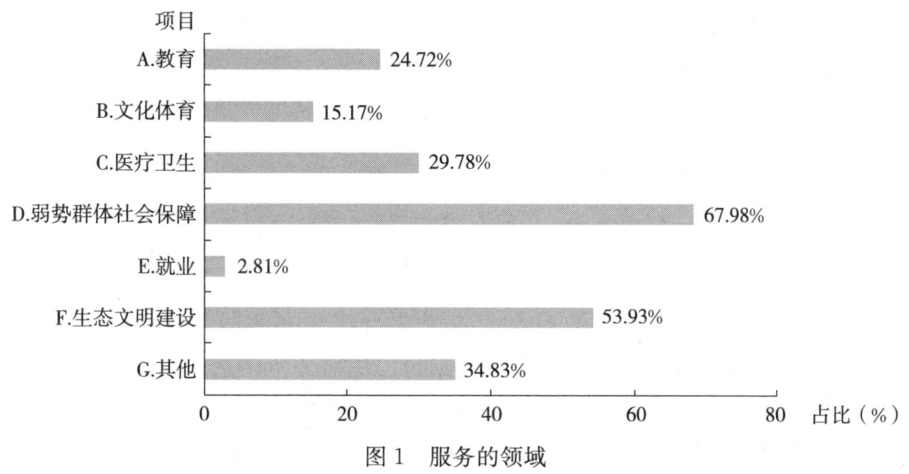

图 1　服务的领域

所开展的服务主要有：弱势群体保障（总占比 73.6%），疫情防控（占比 43.82%），无偿献血、捐物（占比 28.65%），文化广场便民服务，环境保护，助学等（图 2）。

2. 土默特右旗义工联合会参与公共服务供给的方式

目前，土右义工主要是通过自主参与的方式参与公共服务供给，暂时还没有以政府购买的方式参与公共服务供给。2017 年土右义工进入内蒙古自治区政府采购供应商库，但由于组织自身的发展不够成熟，服务的专业化程度较低，不能满足承接服务项目的要求，所以一直没有承接政府的项目。

土右义工自主参与公共服务供给的内容主要分为两类：一类是以群众需求为导向，自主举办活动，培育和发展志愿服务项目。目前创建的公益项目有："青春伴夕阳"关爱老人项目；"一路有我·成长相伴"关爱青少年项目；"邻里守望"社区服务项目；"心路"文明引导公益项目；"有爱无碍"关爱残疾人项目；关爱留守儿童项目；"我们的节日"主题活动项目；"好书漂流"项目；"关爱被遗忘的天使"孤儿援助项目；新时代文明实践爱里"爱心·汇"公益项目、"七彩假期"项目；"七彩四点半"项目、"黄手环"项目；中华公益小

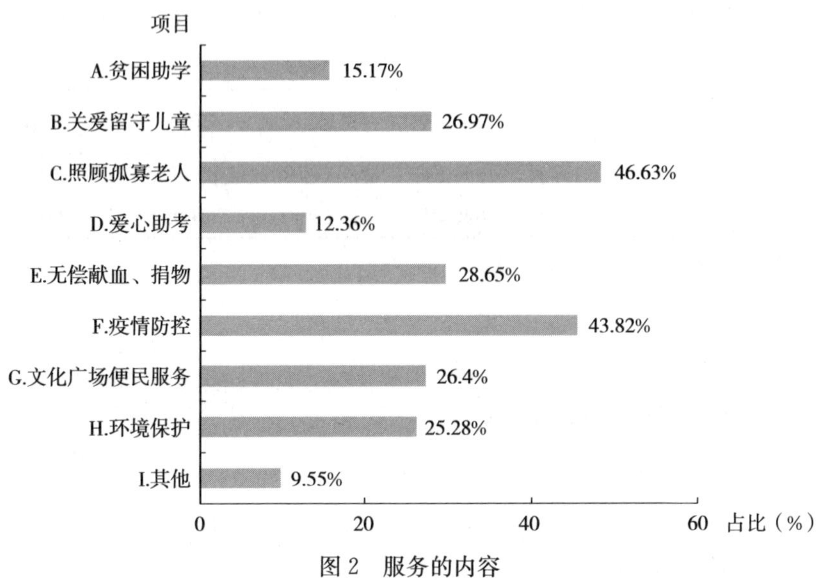

图 2　服务的内容

记者项目；等等。另一类是政府与土右义工合作举办活动。政府提出主题活动，找有意向的组织合作，土右义工根据自己的服务范围选择参加。例如在土右旗庆祝中国共产党成立 100 周年活动中提供文艺汇演、以志愿服务助力土右旗第六届杏花节、“文明城市我先行，文明交通我引导”助力土右旗创建文明城市活动等。

在所有的项目中，“青春伴夕阳”关爱老人项目荣获 2016 年度包头市优秀志愿服务项目以及 2017 年度内蒙古自治区优秀志愿服务项目；“有爱无碍”关爱残疾人项目和“一路有我·成长相伴”关爱青少年项目荣获 2018 年度包头市优秀志愿服务项目；“关爱被遗忘的天使”孤儿援助项目被评为 2019 年度土右旗和包头市优秀志愿服务项目；新时代文明实践爱里“爱心·汇”公益项目在包头市第三届志愿服务项目大赛中获得三等奖。

（三）土默特右旗义工联合会参与公共服务供给取得的成效

1. 有效地弥补了政府对于弱势群体社会保障的空缺

对于政府政策覆盖之外的弱势群体，土右义工积极设立专项项目，为这些群体提供援助，有效地弥补了政府的不足。在事实无人抚养儿童的文件印发之前，事实无人抚养儿童的生活权益得不到保障，且无法得到政府的政策关爱。土右义工设立了“关爱被遗忘的天使”孤儿援助项目为土右旗 9 名事实孤儿每年提供 2 000 元的生活补助金，并送去了学习用品和生活必需品。“双减”政策出台之前，针对留守儿童放学看管难、作业辅导难的问题，土右义工开设了

"七彩四点半"项目，为这些孩子免费提供作业辅导、兴趣课程。此类弥补政府政策空缺的弱势群体保障项目还有很多很多。

2. 为疫情防控提供坚实的保障

自 2020 年新冠感染疫情席卷全国以来，土右义工的志愿者们不畏艰险、勇敢逆行，在第一时间加入防疫工作第一线。面对严峻的疫情防控形势，志愿者冲在抗疫前线，共有 242 名志愿者通过培训加入社区和农村共计 19 个疫情防控点的执勤工作当中，全力协助村镇、街道、社区，开展把控主要出入口、检测出入人员体温、排查重点对象等疫情防控工作，服务群众。同时，按照就近就地的原则，一些志愿者协助所在村（社区）开展隔离人员观察值守、防疫管控宣传等志愿服务活动，有效解决了村（居）委会疫情防控人手不足的问题。根据工作需要，土右义工还选派 2 名志愿者在土右旗疫情防控指挥部参与疫情统计、上报等工作。他们不惧严寒，牺牲了与家人团聚的时光，自愿克服困难，服从工作分配，只为百姓们的健康与平安。

2022 年 2 月 23 日，内蒙古疫情防控形势严峻，土右义工党支部第一时间组建了 15 人的党员突击队，土右义工团总支组建了 12 支共计 146 人的青年突击队，主动踏上了各社区（村）志愿者的工作岗位，协助萨拉齐镇各社区完成首轮核酸检测工作。这次核酸检测工作量较大，土右义工共派出 185 名志愿者协助社区、村委会、隔离酒店开展工作，还有的志愿者自发踏上本社区（村）疫情防控岗位①。

在防疫工作当中，土右义工新发展志愿者 200 多名，他们从各行各业走来，团结一心，组成一支坚不可摧的队伍，自愿投入到每一个有需要的岗位当中，奉献自我。他们当中有一线的医务工作者，有铁路职工、出租车司机，还有学生、自由职业者等，他们都通过线上线下等不同的工作方式，与全旗居民共同携手，共渡难关！在疫情防控期间，土右义工共出动志愿者 1 370 人次，累计志愿服务工时达 9 480 多小时，为土右旗的疫情防控工作做出了杰出的贡献。

3. 组织自身的社会影响力不断增强

随着土右义工的不断发展，更多困难群体的生活得到了一定程度的改善，同时土右义工服务的对象也从最初的社会弱势群体逐步扩大到了所有居民，被越来越多的土右旗人民所熟知并认可，也让更多的土右旗人民走入了土右义工的队伍中。此外，土右义工凭借着公益服务所取得的优异成绩，获得了很多荣誉与嘉奖，例如：包头市优秀志愿服务组织，包头市无偿献血先进单位，包头市青年五四奖章（集体），第二届全国敬老文明号，5A 级社会组织（包头市

① 资料来源：https：//mp. weixin. qq. com/s/GiWzGssj1Wycx_pHrf3VVQ。

民政局评选)；2018 年 9 月由团中央推荐加入阿里巴巴公益 3 小时平台，通过该平台多次获得团中央资金奖励；2019 年 12 月获得首届全国品质公益青少年帮扶奖；2019 年 12 月被中国青年志愿者协会评为“七彩假期志愿服务项目”示范团队①；入选“黄手环行动”2020 年合作团队；2020 年 4 月被内蒙古团委评为“2019 年度全区五四红旗团总支”；2020 年 5 月被内蒙古青年志愿者协会评为全区疫情防控“优秀志愿服务组织”②。

三、土默特右旗义工联合会参与公共服务供给中存在的问题

(一) 服务内容的专业性和针对性不强

问卷调查的结果显示，土右义工在提供服务时存在以下两个问题：一是服务内容缺乏专业性。针对“您平时参加的公益服务都是什么类型的?”这一问题，有 55%的志愿者选择体能型服务，28%的志愿者选择捐助型服务，而选择技能型和智能型服务的志愿者总占比不超过 10%（图 3），可见土右义工所提供的公共服务依旧属于传统型的体能类和捐助类服务，专业化水平较低。

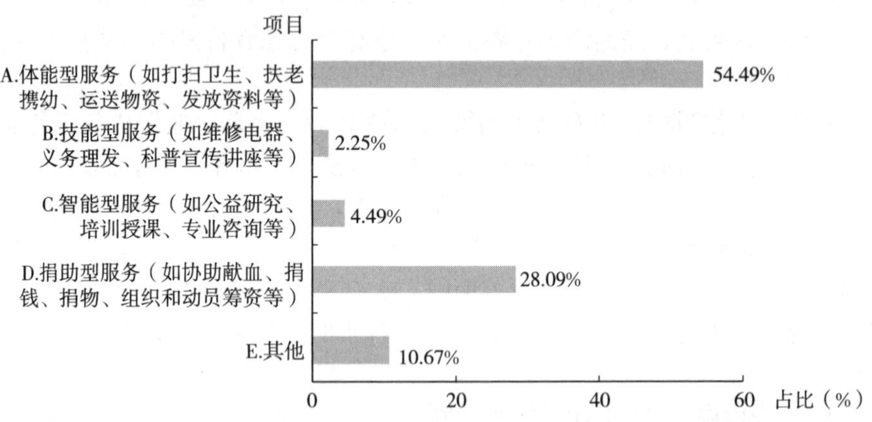

图 3 “您平时参加的公益服务都是什么类型的?”

二是服务内容缺乏针对性。通过对“您参与的公益服务的主要服务对象是?”和“您平时参加的公益服务都是什么类型的?”两个问题的交叉分析可以看出：无论针对哪一类群体，提供服务类型占比最大的都是体能型和捐助型两类（图 4），可见服务内容的针对性有待提高。

① 资料来源：土右旗义工联合会 2019 年度工作报告。

② 资料来源：土右旗义工联合会 2020 年度工作报告。

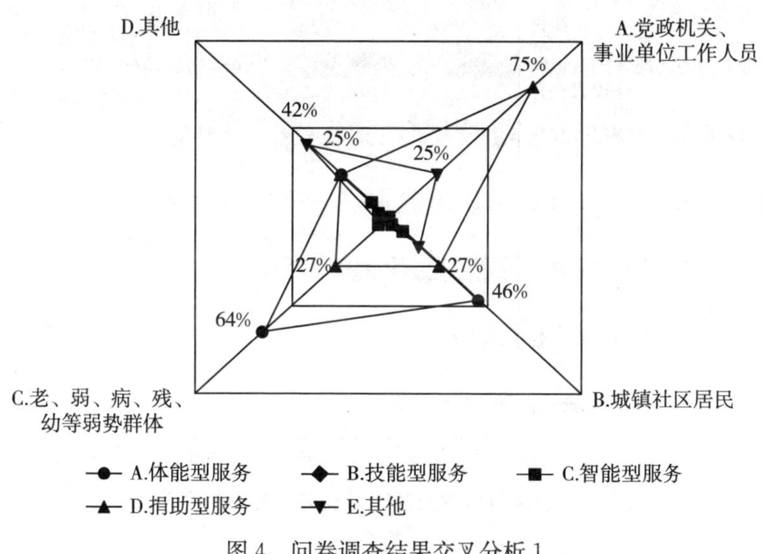

图 4　问卷调查结果交叉分析 1

因此提高服务内容的专业性和针对性是土右义工今后工作需要关注的焦点。

（二）服务效果评价不一致

问卷调查的结果显示，在对“您认为您所服务的对象主要有哪些改善?”的回答中，约 69%的被调查者选择“服务对象对志愿者的认识和评价有提升”，约 56%的被调查者选择“服务对象的身心状态有改变”，约 50%的被调查者选择“服务对象的生活境遇有改变”（图 5）。本人三年以来也多次参加公益服务，在与服务对象的交谈中了解到，他们认为接受志愿服务后最大的改善在于对志愿者的认识和评价有提升，而生活境遇和身心状态并没有太大改变。可见服务者与服务对象对服务效果有着不同的评价。

（三）专业型人才匮乏

服务人员的专业水平与最终的服务水平有着密切的联系。社会组织的人才队伍构成主要是从业人员、兼职人员和志愿者，专业型人才主要指从业人员即专职人员①。土右义工队伍由 15 名无偿兼职理事会成员以及办事机构工作人员、1 401 名志愿者构成，没有专职人员②。问卷调查的结果显示，只有约 22%的

① 周学荣．社会组织参与社会治理的理论思考与提升治理能力的路径研究［J］．湖北大学学报（哲学社会科学版），2018，45（6）．

② 土右旗义工联合会统计资料。

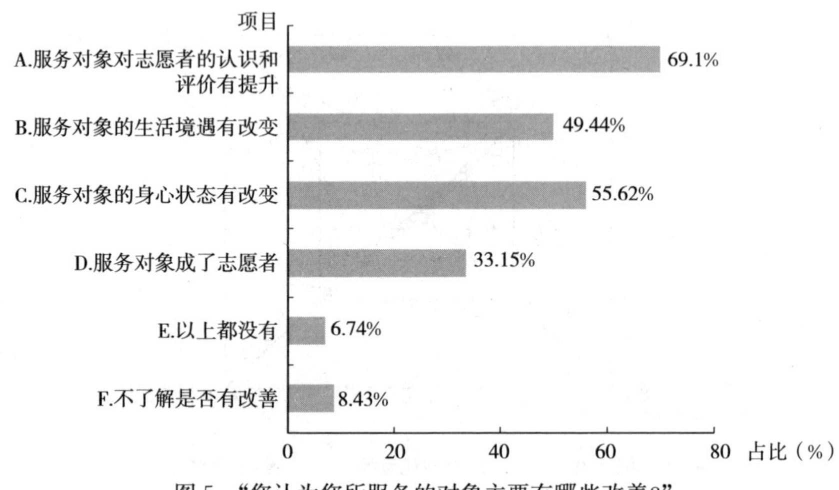

图 5 “您认为您所服务的对象主要有哪些改善？”

受访者具有社会工作资格证（图 6），占比非常小。在“您认为您所在的组织在以下哪些方面有待提高？”这一问题中有 48％的受访者选择了“人才吸引”。此外，土右义工管理人员队伍的专业性水平较低。在对会长的访谈中得知：土右义工面临的最大问题就是“专业人才缺乏”，组织中缺乏能够准确把握志愿服务走向、为土右义工的发展提供远景规划的管理人才，也没有专职的人员和团队负责项目的管理，现在理事会和各部门的负责人难以成功对接各方资源。由此可见人才缺乏是土右义工所面临的发展困境之一。

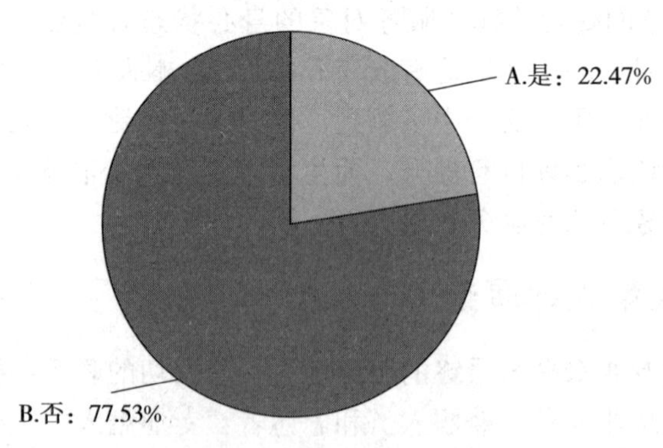

图 6 “您是否具有社会工作资格证？”

（四）内部管理混乱

土右义工理事会负责领导土右义工的所有工作，6 个办事机构负责日常工作的开展。理事会成员以及办事机构工作人员总数 15 人，平均年龄 41 岁，女性5人，党员5人，本科学历3人，社会工作师2人。管理队伍人员年龄较大，缺乏新鲜血液（年轻人）的注入，任职人员集中于高中/中专学历，高学历人才严重缺乏，整体学历水平较低，两名社会工作师均为挂职，只是为了满足民政部社会团体登记的资格，并不参与日常工作，所以领导集体的整体能力水平较低。此外，6个办事机构中，会长身兼多职，既是宣传部的负责人，又是策划部和外联部的负责人，从项目策划到活动开展再到活动宣传都是会长亲力亲为，其他人员只是协助会长开展工作，整个组织的工作很大程度上依赖会长；由于所有成员均为无偿兼职，部门的成员很少参与日常管理，所有工作均由部门负责人一人承担。无论是会长、理事会成员还是部门负责人均没有管理学和社会工作等相关知识的学习经历，都是凭借从各自工作岗位上获得的相关经验来从事土右义工的相关工作，所以整个管理队伍缺乏专业性，日常管理混乱，分工不明确。

（五）承接政府购买服务机会较少

通过查阅有关各级人民政府网站了解到，2013年国务院颁布《关于政府向社会力量购买服务的指导意见》、2014年内蒙古自治区人民政府办公厅公布《关于政府向社会力量购买服务的实施意见》、2018年包头市财政局下发《关于规范和推进政府购买服务工作的通知》，直到2020年4月22日土默特右旗人民政府才印发了《政府购买社会救助服务工作方案》，第一次公开向社会组织、企业等社会力量购买服务，截至2022年初，这也是土右旗唯一一次向社会购买服务。土右义工也参与了本次社会救助购买服务项目，但并未中标。由于当地政府购买服务的规模极小，严重制约了土右义工以政府购买服务的方式参与公共服务供给，所以土右义工在参与公共服务供给的过程中，还需要思考如何在竞争激烈的购买服务竞标中脱颖而出。

四、土默特右旗义工联合会参与公共服务供给中存在问题的原因分析

（一）服务的项目化管理不成熟

土右义工提供的服务缺乏专业性和针对性是因为服务的项目化管理存在不足。一方面，在服务项目筹备期间缺乏对服务对象真实需求的分析与评估，从而导致服务内容的针对性不强。在对会长的访谈中了解到，设立新的项目首先是在理事会上讨论身边有哪些特别需要关注的群体可作为服务的对象，理事会成员提出对策，会长综合大家意见后，查阅相关资料了解其他组织针对这一服务对象开展的帮扶有哪些，从而具体策划本组织的服务项目，撰写项目策划

书，开展服务。可见，土右义工在项目策划阶段缺乏对受助者需求的调研，依旧属于“拍脑袋”型决策。由于项目策划没有倾听服务对象的声音，脱离受助者实际需求且没有充分考虑组织自身的实际专业能力，与实际情况相脱离，从而造成“完美的理想型”策划书与“残酷的现实型”实际情况的冲突，难以有效执行。最终在活动开展的过程中为了确保服务项目的正常运行，只能选择开展一些较为容易的体能型服务和捐助型服务来变相执行，而对于服务对象所需要的智能型和专业型服务则难以提供。长此以往，忽视服务对象的真实需求，将复杂的服务内容简单化，只提供自己能提供的服务，造成了服务的针对性不足。以“青春伴夕阳”助老服务项目为例，项目主要内容是：针对土右旗周边（社区、村）居家养老以及（敬老院）机构养老的独居、失独、空巢、失能、半失能的困难老人，推出一次居家改善、一次健康检查、一次心灵抚慰的“三个一”服务①。由于组织中缺乏专业心理咨询师和专业医生，最终活动开展时只有居家改善服务按计划执行，健康检查成为量血压、捐赠药品，心灵抚慰成为唠家常，最终智能服务体能化，导致服务供需不匹配。

另一方面，土右义工由于自身的公益性质，服务人员流动性较强，加之服务项目开展过程中缺乏对服务人员的管理，便会导致服务的专业性较低的问题。土右义工的成员全是怀有“奉献之心”的兼职志愿者，人员不固定，每个服务项目不是统一招募固定的服务人员，而是单次活动招募临时志愿者来提供服务，所以每次活动所提供的服务质量都参差不齐，服务人员更是难以掌握服务对象的需求，从而严重影响了服务的专业性。调查结果显示，土右义工的志愿者都是社会各行各业的从业人员，约41%的志愿者累计服务时间在30小时及以下（图7），绝大部分志愿者都是临时性志愿者，都是利用空余时间参与一些活动。92%的志愿者加入土右义工的初心是“帮助有需要的人”，85%是“为社会、国家作贡献，实现个人价值”，他们参与活动都是出于一种“自发性精神需求”，这种行为可能随时被“现实物质需求”所影响，所以很少有志愿者能够针对一个服务对象提供连续性的专业性服务。

（二）评估反馈机制缺乏

服务的最终目的就是让被服务者受益，这就需要在服务结束后，让服务对象与服务人员针对服务效果进行双向评估，再将评估结果进行反馈，以便优化后续服务，提高服务的质量，使得服务精准匹配需求。土右义工缺乏双向评估反馈机制，导致服务人员对自己的服务效果产生了误判，从而产生了服务双方对服务效果评价不一致的问题。具体来讲，首先是评估机制的缺乏。通过对秘

① 资料来源：“青春伴夕阳”助老服务项目策划书。

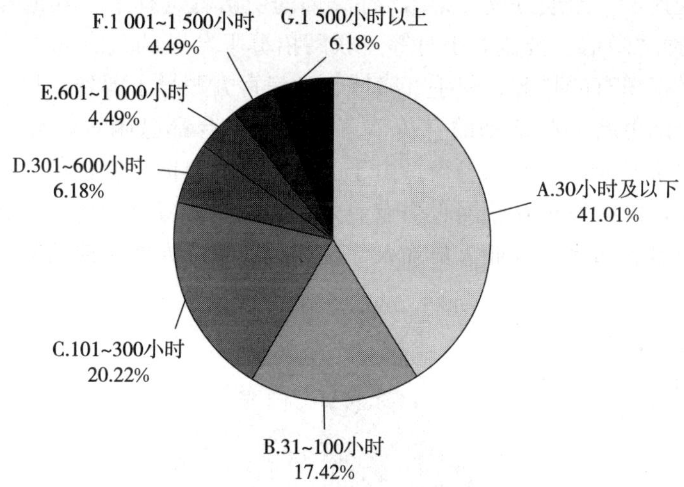

图 7 “您参加的公益活动累计服务时长为?”

书长的访谈了解到，土右义工开展的所有活动，只有 2019 年 1 月 15 日的“浓情腊八·爱暖中华”活动在结束后通过问卷调查的形式对志愿者进行了调查，了解活动过程中存在哪些问题。可见土右义工评估机制不健全，唯一一次评估还只是针对服务人员，并没有让服务对象对服务效果进行评价，导致了土右义工一直没有发现自身存在服务供需不匹配的问题，也严重制约了土右义工服务水平的提升与组织自身的发展。其次是反馈机制缺乏。在对秘书长的访谈中得知，所有的服务活动结束后便结束了，没有进行过活动总结和服务项目总结与反思，更谈不上将评估结果用于后续服务的改进。反馈机制的缺乏导致土右义工提供的服务类型和内容总体大同小异，服务的总体水平很难提升，与精准化服务之间还有很长的距离。由于缺乏评估信息的输入与输出，服务质量难以改进，土右义工很难达到政府购买公共服务的标准，很难以政府购买服务的方式参与到当地的专业化公共服务供给过程中，即使能够以合作的形式与政府一同提供公共服务，也只局限于一些专业性较低的服务。只有不断健全与完善评估反馈机制，才能形成“输入—输出—再输入—再输出”的动态闭环式管理服务模式，从而打造土右义工服务品牌，提升土右义工参与公共服务供给的专业化与精准化程度。

（三）人才管理制度不完善

从人才吸引和招募方面来看，土右义工缺乏对组织自身的宣传与推广，没有抓住互联网带来的发展契机，没有为吸引专业人才开辟绿色通道，从而导致了人才困境。在“您是从哪种途径加入‘土右义工’的?”这一问题中约 51%

的受访者选择了“亲朋好友介绍”，约28%的受访者选择了“其他相关公益活动”，而选择“微信、公益3小时等互联网招募平台”的只有约12%（图8）。查看土右义工现有的抖音、快手、微博、微信官方账号了解到，只有微信公众号平台在定期更新一些活动的宣传信息，其他平台都已闲置，且在这些平台中，没有关于专业人才的招募令。由于土右义工的宣传力度较小，招募还局限于传统途径，没有发挥互联网吸引专业人才的作用，口口相传招募到的人员水平相近，很难有高水平专业人员加入，还是无法解决人才短缺的问题。

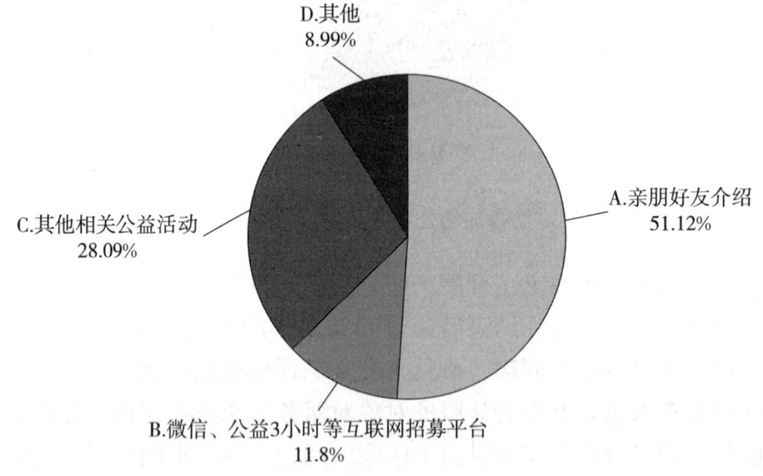

图8 “您是从哪种途径加入‘土右义工’的?”

从人才激励方面来看，土右义工现有激励机制尚不完善，很难从外部吸引专业人才加入。土右义工规划的所有激励机制中真正落实到位的只有“小时星级制”，“爱心积分制”由于人员和资金的限制只停留于纸上，并未实际执行；而现行的激励措施是只可享受一部分服务优惠，仅有10家爱心商家给出9折或9.8折的购物折扣，折扣力度非常小，服务范围也仅限于购物、农机和一小部分餐饮，并没有实现组织所构想的餐饮、美容理发、娱乐健身、景区观光等多元化的志愿者社会回馈服务。土右义工的现有激励机制更侧重于“精神层面”的奖励，很少有专业人员奔着这些“荣誉”而加入土右义工，加入的几乎都是怀着对公益的热情的志愿者，所以土右义工的专业人员队伍很难发展壮大。此外，土右义工对内激励成员专业化成长的作用也并不明显。在对会长的访谈中得知，为了增强队伍人员专业能力，土右义工鼓励志愿者积极参与社会工作资格证考试，并给予考试通过者500元奖励金。这一办法的实施掀起了“考证风”。但通过对“您是否具有社会工作资格证?”和“您平时参加的公益服务都是什么类型的?”两个问题的交叉分析得出：具有社会工作资格证和不具有社会工作资格证的人参与的服务都集中于体能型和捐助型，智能型服务参与率反而是持证者低于不持证者（图 9）。可见这一办法对于内部专业人员的培养作用并不明显。

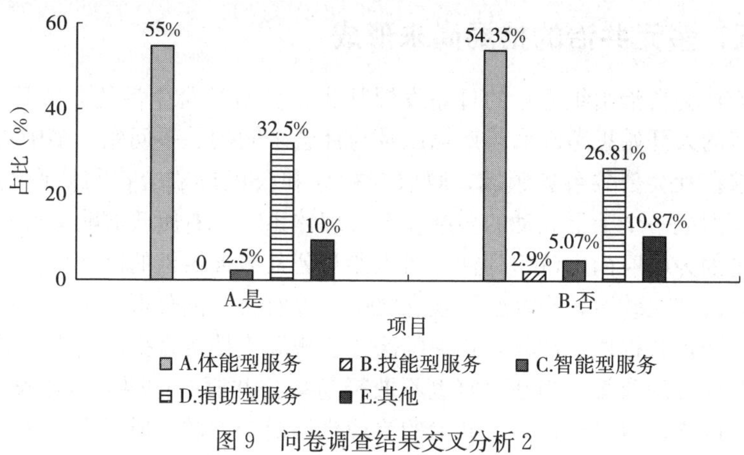

图 9　问卷调查结果交叉分析 2

（四）资金管理机制缺乏

充足的经费是组织正常运转的基本保障，所以经费不足且资金管理机制缺乏势必会导致组织内部管理混乱的局面。土右义工由于属于公益性机构，无偿提供服务，所以自身难以创造财富，所有运行经费均依赖外部捐助和内部会费支持，公益活动开展和办公费用支出后，留给内部管理人员的费用所剩无几。由于财务管理、项目管理不规范，资金分配不均衡等，用于管理人员的经费严重不足，难以从外部聘请管理人才加入，组织内部人员管理水平难以改善，导致了内部的管理混乱。土右义工成立之初的活动运行只靠 6 位公益爱好者共同出资的 3 万元注册资本来维持，之后的活动经费中 10％来源于个人/企业捐赠，15％来自公益 3 小时的活动奖金，35％来源于义工会员缴纳的会费，40％来源于项目大赛获奖得到的基金会捐助。其一，由于土右义工自身能力限制，项目无法按照策划正常开展，这便导致一部分基金会资金无法正常到账，实际资金占比最多的是会员会费，而会员会费毕竟有限。此外，主管单位土右旗旗委宣传部（文明办）的业务指导和土右旗民政局的监督管理流于形式，更无资金支持。由于资金管理不规范、分配不合理，绝大部分的费用都用于活动开展、困难群体捐助以及日常办公费用支出，没有多余的经费去聘请专职社会工作师和专业的团队，很少有管理人才主动加入土右义工，提供无偿工作，这便导致管理队伍能力不足。其二，由于经费受限，资金管理机制缺乏，没有专项资金用于管理人员外出学习交流以及内部成员培训，所以组织内部管理人员的成长渠道也仅限于少数地方性公益讲座和组织内部党日活动学习，这就导致组织内部成员成长受限，能力难以提高，因此，几乎是组织的所有工作都依赖会长一人，难以实现有效分工合作。

（五）多元共治的格局尚未形成

随着社会自治组织力量的日益发展壮大，其对社会生活的影响日益显现，越来越多的人开始思考政府与市场以及与社会之间的关系问题。多中心的治理结构要求在社会公共事务领域，政府与社会和公民形成合作与协商的伙伴关系，从而形成一个上下互动的多维动态管理体系。土右旗政府购买服务规模较小主要是因为政府尚未认识到社会组织参与公共服务供给的巨大作用，依然局限于传统的“大政府，小社会”观念之中，没有将一部分可以由社会供给的公共服务交予社会提供。此外，相关的法律法规和支持培育措施尚未形成，为了保证公共服务的质量，当地政府也不敢轻易将公共服务的供给权限交予社会。综合以上因素，可见当地多元共治的治理格局尚未形成，所以土右义工很少有机会以政府购买服务的方式参与当地公共服务供给。

五、优化土默特右旗义工联合会参与公共服务供给的路径

（一）提升服务项目管理能力，提高服务精准化水平

土右义工的领导集体亟须提高组织的项目管理能力，不断完善服务的项目化管理，这样才能更好地实现服务的最终目标，提升服务的针对性和专业性。其一，提高项目策划能力，创设需求表达渠道，科学分析群众服务需求与组织供给能力，实现供需平衡。挖掘服务对象的需求是优化服务供给最有效的方式。在策划公共服务项目之前，只有充分了解并分析社会需求才能提高服务的专业性与针对性。在这一过程中，应群策群力，动员工作人员深入受助群体，了解受助群体的真实生活环境与真实需求，还可以使用问卷调查、电子信箱等现代信息收集手段了解群众需求。深入了解群众的服务需求后，要科学分析，可以采取头脑风暴等方法，对组织的专业能力与服务需求进行综合分析，制定合理的活动方案，增强服务开展的可行性，从而提高服务的精准化程度。其二，加强对项目服务人员的集中统一管理，提升服务的专业性。按照志愿者的活跃度与专业能力对其进行分类管理，针对不同的服务对象设立固定的服务队，并确保服务人员从需求分析到活动开展全过程参与，使每位志愿者都能切实了解受助者的真实服务需求，全过程跟进服务。其三，还须特别重视服务人员的培训工作，每次活动正式开始前都需要对所有服务人员开展专业的技能培训，还可设置周期性培训制度，不断提高志愿服务的专业性，活动中要根据服

务进度与受助者的反馈及时调整服务方式，通过精准施策来提高服务的效率，给予受助者更优质的服务。

（二）健全评估反馈机制，提升服务品质

在服务结束后要多去倾听服务者与服务对象的声音，充分了解服务效果，优化后续服务，提升服务质量，让服务更好地匹配需求。造成服务双方评价不一致的主要因素就是评估与反馈机制的缺乏，这就要求土右义工建立评估反馈机制，活动结束后收集服务者与服务对象双方的活动评价建议，尤其要多听听服务对象的声音，只有了解到服务对象的真实评价，将评价信息反馈到组织后进行认真反思与总结，才能更好地改进服务，逐渐打磨出优质的服务项目，打造服务品牌，更好地融入当地的公共服务供给中。

首先，创设多元评估渠道。充分利用互联网在线收集服务对象和服务者的双向服务反馈建议，并且结合线下收集评估信息，同时还要针对不同服务群体采取不同的评价和建议收集方式，例如：针对老年人，想获得他们对于服务效果的反馈，就需要每次活动指定专人在服务结束后以访谈的形式收集老年人对服务效果的评价；针对留守儿童，就要在服务的过程中多去感受孩子的变化，还要多去倾听其爷爷奶奶的声音，从爷爷奶奶口中更多地了解孩子的变化；针对广大居民，就可以采取问卷调查等范围广、效率高的方式去收集反馈建议。还可以在官方平台设置服务电子信箱，广泛征集受助者以及社会大众的意见和建议，改善现有服务，提高服务品质，打造精准化高质量的服务。

其次，完善反馈机制，优化后续服务。对评估结果要认真分析，并及时回应，将评估结果用于后续服务改进，从而形成有效的评估—反馈动态闭环，切实促进服务品质的提升，而不能只看不办、走过场、搞形式主义。可以对所有的评价和建议进行分类，对有效评价和建议按不同类型继续细分，对无效评价和建议直接略过，认真对待有效的评价和建议。针对不同类型的评价和建议采取不同的处理方法，并根据评估结果迭代优化后续服务，从而为服务对象提供精准化的服务，以此打造服务品牌，更好地促进土右义工参与当地公共服务供给。

（三）完善人才管理制度，加强人才队伍建设

人才对于社会组织专业化发展具有决定性的作用。只有建立完善的人才管理制度，才能将更多专业人才“引”进来、“留”下来，提升组织队伍的专业能力，为社会组织的发展提供动力。

首先，重视组织宣传和人才引进。要充分利用互联网资源，加大在各大平台的宣传力度，发布活动宣传、人才招募等信息，尤其是要为专业型人才的招

募开辟绿色通道，不断扩大土右义工的社会影响力，吸引更多的专业人才加入土右义工。

其次，建立培训制度。将优秀人才引入后，要让其尽快了解组织文化与组织目标，更好地融入组织。同时，还要重视组织成员专业能力的提高，改革现有的培训制度，建立短期与长期相结合的培训制度，提升培训内容的专业性，有效满足志愿者专业能力提升的需求。针对“您认为以下哪些措施有利于您更好地参与公益服务?”这一问题，有46%的受访者选择了“加强公益服务相关知识和技能培训”，可见内部成员对于培训具有强烈的需求，土右义工要尽快完善培训制度，回应志愿者的培训需求，提升服务质量。

最后，健全激励制度。不仅要给予组织成员“荣誉性”奖励，还要给予更多的“物质性”奖励，同时还要注意奖励的分类分级分等，不能一视同仁，否则激励机制的作用也不能有效地发挥。例如：针对专职工作者，要完善其薪酬保障制度，提升福利待遇、给予绩效奖金等；针对志愿者，要吸引更多的爱心商家和企业加入激励机制，为志愿者提供更多种类、更大折扣的服务或商品，并尽快落实“爱心积分”制度。通过这些激励机制提升组织成员的幸福感，激发组织成员的工作积极性，使其更好地为组织提供优质的服务。

（四）建立资金管理制度，规范组织管理活动

建立科学、透明的资金管理机制，合理配置资金，提高资源利用效率，留足管理人才费用，从而更好地改善管理队伍结构，进而有效地解决管理混乱的问题。第一，做好资金预算。每年年初，会长应组织人员结算上一年度收支情况，并以此为基础做好下一年度的资金收支预算。通过编制较为详细的远期资金收支规划，做好资金预算工作，提前规划好一年的资金收入和支出情况，做好不同类型支出比例划分，提前预留出用于人力资源管理的费用，这样可以在一定程度上改善没有资金用于聘请专业人员和开展专业培训的难题，以此改善管理队伍能力水平，为组织内部明确分工、规范管理奠定坚实的基础。第二，做好筹资管理。在做好资金预算之后，就要充分利用各种资金筹集渠道，筹集更多的活动资金。土右义工当前需要继续拓宽筹资的渠道，充分利用互联网进行筹资，线上+线下双渠道筹集活动资金，继续扩大与当地企业、基金会以及其他组织的合作，充分挖掘社会力量的潜能，为组织发展争取更多的资金支持，为吸纳专业人才进入土右义工队伍奠定基础，从而改善土右义工的人才结构，化解管理混乱的困境。

（五）政府转变观念，给予社会组织更多支持

当地政府部门要积极推进职能转变，努力打造服务型政府。还要积极适应

时代发展的要求，在公共服务供给方面，借助多方力量协同共治。要充分认识到社会组织在填补政府公共服务空白方面的重要作用以及参与公共服务供给方面的巨大潜能，加大对社会组织的帮扶力度。

第一，完善政策、法律法规支持。对社会组织发展给予更多的政策支持，不断优化社会组织现有的管理体制，出台扶持社会组织发展的法律法规，为社会组织的发展提供更广的发展空间。在促进社会组织发展的过程中还要对其展开全方位动态监管，不能使监管只停留于年检的纸质工作汇报和审核上，要全过程督促社会组织能力的提升。

第二，加大资金支持力度。对促进社会组织专业化方面给予更多的专项资金支持，将更多适合社会供给的服务通过政府购买的方式交由社会供给，不断扩大政府购买服务的规模，给予社会组织更多的机会。同时，还要大力引导社会资金参与社会组织发展。

第三，培育社会组织孵化基地。社会组织孵化基地即培育发展社会组织的平台。孵化基地通过提供场地、链接资源、开展专业服务培训等，为社会组织的形成和发展提供助力。这尤其对公益性社会组织能力的塑造来说具有极其重要的支持作用，可以帮助公益性社会组织快速发展。2016 年中共中央办公厅和国务院办公厅联合印发规范社会组织发展的指导意见，2017 年民政部发布《关于大力培育发展社区社会组织的意见》，都要求大力培育并积极扶持发展社会组织，积极探索建立社会组织孵化机制，设立孵化培育资金，建设孵化基地。所以土右旗政府也应该紧跟国家政策，积极打造旗县、街道办事处、社区三级社会组织孵化培育平台，从而形成“双孵化园、街道促进会、社区服务站”的社会组织培育网络，全面提升社会组织的综合能力。

六、结语

社会组织的发展在促进社会治理变革的同时也在不断完善公共服务的供给，有效地弥补了政府公共服务的空白，满足了人们多样化的公共服务需求。土默特右旗义工联合会以自主参与的方式参与公共服务供给，在弱势群体社会保障和新冠感染疫情防控两个方面发挥了重要作用，并且弘扬了互助、友爱的奉献精神，极大地助推了社会主义和谐社会的建设。本文通过分析问卷调查结果并对主要负责人进行访谈，发现了土默特右旗义工联合会在参与公共服务供给过程中存在服务内容的专业性和针对性不强、服务双方对服务效果评价不一致、专业型人才匮乏、内部管理混乱以及承接政府购买服务机会较少 5 个问题。在对土默特右旗义工联合会参与公共服务供给中遇到的困境进行原因剖析时，得出土默特右旗义工联合会参与公共服务供给主要受到组织内部服务的项目化管理不成熟、评估反馈机制缺乏、人才管理制度不完善、缺乏资金管理机制与组织外部多元共治的格局尚未形成等5个方面的制约。在借鉴各类文献中社会组织参与公共服务供给的经验的基础上，结合土默特右旗义工联合会的现实状况，从组织内部能力建设与外部社会环境支持两个方面提出土默特右旗义工联合会参与公共服务供给的五条发展路径，帮助其提升服务水平，增强其参与公共服务供给的能力，同时还可以为其他类似社会组织参与公共服务供给提供有效的参考。此外，本文还存在着一些不足和缺陷。本次问卷调查主要借助问卷星收集问卷，结果可能存在一些抽样误差，同时由于自身专业知识和理论水平的限制，对社会组织参与公共服务供给问题的分析和研究不够全面和深入。希望通过今后的学习，加深对该问题的研究，为该领域的研究贡献一份力量。

参 考 文 献

蔡鑫宇，2019. 公益性社会组织培育发展的困境与对策——以嘉兴市社会组织培育发展中心为例 [J]. 嘉兴学院学报，31 (5).

陈嘉聪，2020. 温州市草根公益组织内部管理机制优化研究——以H爱心社为例 [D]. 上海：上海师范大学.

陈立孔，2021. 社会组织参与公共服务供给的现状分析与对策研究 [J]. 财富时代 (4).

丁晨，2016. 社会公益组织自我组织能力的研究——以江苏省无锡市乐仁乐助公益组织为例 [D]. 上海：上海师范大学.

丁元竹，2005. 非政府公共部门与公共服务：中国非政府公共部门服务状况研究 [M]. 北京：中国经济出版社.

顾平安，2016. 推行公共服务便捷化，切实转变政府职能 [EB/OL]. (01-14). http://www.gov.cn/xinwen/2016-01/14/content_5032926.htm.

郭锦蒙，关信平，2021. 社会治理共同体研究的现状、演进与展望——基于CNKI、万方和维普核心期刊的可视化分析 [J]. 西南民族大学学报（人文社会科学版），42 (7).

黄力，2016. 互联网+背景下公益性社会组织义展研究——以无锡市A区公益性社会组织为例 [D]. 南京：南京大学.

黄晓春，2015. 当代中国社会组织的制度与发展 [J]. 中国社会科学 (9)：146-164.

姜砚，2020. 民间公益组织供给公共服务的"同心圆"资源动员模式研究 [D]. 上海：上海师范大学.

康晓强，2011. 公益组织与灾害治理 [M]. 北京：商务印书馆.

莱斯特·萨拉蒙，2002. 全球公民社会：非营利部门视界 [M]. 贾西津，魏玉，译. 北京：社会科学文献出版社.

李峰，2014. 社会组织参与公共服务供给：优势、困境及路径 [J]. 阅江学刊 (3).

李海燕，2010. 我国社会组织参与公共服务研究 [D]. 呼和浩特：内蒙古大学.

李璐，2017. 民办公益组织项目运作研究——以南昌市 J 公益组织为例［D］. 南昌：江西财经大学.
卢明哲，2017. 政社互动进程中公益性社会组织孵化器研究——以苏州市昌和公益坊为例［D］. 苏州：苏州大学.
马英娟，2021. 公共服务：概念溯源与标准厘定［J］. 河北大学学报（哲学社会科学版），37（2）.
邱玉婷，2021. 市域社会治理现代化格局中社会组织协同治理的效能提升［J］. 理论导刊（8）.
宋丽锋，孙钰，2018. 社会组织参与公共服务供给的现状分析与对策研究［J］. 城市（7）.
孙浩，龚承，2016. 社会组织承接公共服务效能的评价及提升研究［J］. 湖北大学学报（哲学社会科学版），43（5）：133-140.
孙凯民，2014. 内蒙古公共品政府供给研究［M］. 内蒙古：内蒙古大学出版社.
孙凯民，2016. 巴林左旗社会组织参与公共服务供给研究［D］. 呼和浩特：内蒙古大学.
田婧钰，2020. 社会组织参与公共服务的问题探究［J］. 社会科学前沿（10）.
王名，2008. 中国民间组织 30 年——走向公民社会　1978—2008［M］. 北京：社会科学文献出版社.
王名，何建宁，2001. 中国社团改革：从政府选择到社会选择［M］. 北京：社会科学文献出版社.
王名，刘培峰，2004. 民间组织通论［M］. 北京：时事出版社：26.
吴刚，2018. 资源依赖视角下民间公益组织可持续发展研究——以广西钦州市为例［D］. 南宁：广西大学.
武文竹，孙舒然，2020. 山西省公益性社会组织参与公共服务供给研究［J］. 三晋基层治理（2）.
杨道波，王旭芳，2009. 公益性社会组织的法律定位思考［J］. 理论探索（3）.
应优优，2020. 增能互补：引导社会组织参与公共服务供给的新路径［J］. 秘书（5）.
俞可平，2006. 中国公民社会：概念、分类与制度环境［J］. 中国社会科学（1）.
张紧跟，2014. 参与式治理：地方政府治理体系创新的趋向［J］. 中国人民大学学报（6）.
赵佳佳，2017. 社会组织相关概念的分析与界定［J］. 行政与法（24）.
周学荣，2018. 社会组织参与社会治理的理论思考与提升治理能力的路径研究［J］. 湖北大学学报（哲学社会科学版），45（6）.
朱晓丽，2020. 公益性社会组织的专业能力建设研究——基于上海市 J 公益发展中心的实践调查［D］. 上海：华东政法大学.

呼和浩特市城市口袋公园建设问题研究

陈　越

随着中国城镇化水平的进一步提高，生产要素在城市之间的流动日益加快，城市居民逐渐享受到更多城镇化带来的便利。但是，我国城市化进程推进的过程中已经产生了温室效应、绿岛效应、城市内涝等问题，并在不同程度上对城市生活带来了不便和隐患。我国地方政府逐渐开始通过试点的方法，开展以实现人与自然和谐相处为目标的可持续发展的城市口袋公园建设，各地都在探索有地方特色的城市口袋公园发展之路。从建设城市公园到构建公园城市，其中包含了党和政府以人民为中心的发展理念，全面构建公园城市，不仅可满足人民日益增长的美好生活需要，而且对保护碧水青山、建设美丽中国具有重要意义。构建公园城市，对公民而言，是提高居住环境质量的保障；对城市而言，是发展绿色循环经济的开始；对国家而言，是在落实绿色环保的初心。为了能让呼和浩特市地方政府建设出更高质量的城市口袋公园，需要不断深入对城市口袋公园建设的研究，尝试提出建设城市口袋公园的针对性对策。地方政府推动建设城市口袋公园与我国目前所处的新发展阶段情况相符合，与绿色发展理念相适应。构建公园城市体系，发展城市精细化管理，是现代城市发展的必由之路。

一、相关概念及理论基础

（一）相关概念

1. 城市口袋公园

“口袋公园”字面上可理解为“袖珍公园”，如同人衣服上的口袋一样，接近城市的心脏，发挥着不可替代的作用。城市中经常见到的街道公园、小绿地、社区小公园或小型运动场所都属于口袋公园。由此可见，口袋公园与城市公园的不同实质上是体量的不同，口袋公园可以理解为袖珍的城市公园，在一个城市绿地系统中，袖珍的街心公园、社区广场等微型景点景观带，都属于城市口袋公园的范畴。“城市口袋公园能够完善城市公园体系，是城市生活真正的主角并且能够带动产生良好的社会效应”[①]，最后，将推进城市生态文明建设，使城市社会健康可持续发展。

口袋公园的概念最早是在 1963 年 5 月美国的一次展览上提出的，接着美国在 1967 年建成了佩雷公园，这个公园投资成本较低、绿地面积较小、与居民社区紧密连接，这就是城市口袋公园的雏形。城市口袋公园在国外最早用于城市内老旧社区的微改造领域，微改造之后，老旧社区内建成规模较小的绿色开放空间。“在社区中植入口袋公园，整合社区中的零散用地、丰富景观层次进而带来社区公共活动空间的释放”[②]，这是早期城市口袋公园的建设构想。即便是在今天，城市口袋公园这一概念作为舶来品，依旧在我国社区治理领域有很强的现实价值。

2. 公园城市

公园城市与城市公园有本质区别，需要对“公园”“城市”这两个名词作出包含关系的界定，在一个城市里，公园是在城镇中的，所以一个公园城市可以包括城市公园，还应包括其他城市基础景观设施、自然景区、人工景点等。“公园城市具有‘自然之美、城乡融合、创新驱动、开放共享’等特点，是能够满足城市居民幸福生活需要，能够发挥区域经济引领、带动作用，形成人、城、境、业高度和谐统一的大美城市形态的城市发展新模式”[③]。“公园城市”概念源于意大利哲学家在其作品中描绘的理想城市。

2018 年 2 月 11 日，习近平总书记视察成都天府新区，指出成都城市治理要突出公园城市特色，这标志着“公园城市”这一概念在我国正式被提出；2019 年 4 月 22 日，成都市形成了《公园城市成都共识 2019》，引发了政界、学界对构建公园城市体系的研究和探索。总之，公园城市是一种新型的城市治理主体，它能满足人们对美好生活的需求，在空间正义的基础上，用绿色价值观进行指导，以资源共享为前提，建立一个共享的未来社区，成为人与自然协同发展的载体。成规模地建设城市口袋公园可以大幅度提升城市的园林绿地覆盖面积，是构建公园城市的坚实基础。

3. 城市精细化管理

20 世纪六七十年代，西方国家的城市也出现了严重的交通问题和环境问题，并且公共服务也缺乏人性化导向，最终通过更加精细的管理作出了改变，这就是城市精细化管理理念的滥觞时期。“城市管理要像绣花一样精细”的指

① 胡琦．城市口袋公园建设的意义及规划设计［J］．中国市场，2015（26）：78－79．

② 宋若尘，张向宁．口袋公园在城市旧社区公共空间微更新中的应用策略研究［J］．景观园林，2018（11）：139－141．

③ 叶胥，武优勐，毛中根．习近平关于城市发展的重要论述及实践探析——以成都建设公园城市为例［J］．邓小平研究，2019（6）：95－104．

示精神是习近平总书记2017年提出来的，城市精细化管理成为城市治理的重要发展方向。我国学者曾宇恒在人本视角下开展研究，认为“城市精细化管理是指采用行政、市场、法律规章以及社会自治等多种层面的综合手段，通过城市管理标准细致化、管理目标数量化、职责体系分工明晰化等，形成的以‘规范、细致、人文、效率’为内涵的城市管理模式”①。城市口袋公园建设是对城市土地资源的精准利用，因而运用城市精细化管理的理念可以使绿色发展与以人为本融合实现。可用城市精细化管理的理念建设有温度的人民城市，不断提高城市精细化管理和服务水平。在城市精细化管理理念推动下建设城市口袋公园，有利于提高建设效率和施工水平，可充分体现城市口袋公园建设的精准、绿色、人本和创新理念。

（二）理论基础

1. 治理理论

“治理”一词在英语中是“governance”，在古拉丁语或古希腊语文本中，词源原意为“引导导航”，在现代汉语中的含义是“整治调理”。治理理论产生于20世纪90年代末期，当时西方的福利国家出现了政治经济危机，官僚势力进一步膨胀，政府在市场资源配置中出现失灵的情况，社会独立精神和民众自觉意识逐渐被削弱，第三次科技革命使社会生产力得到变革，新的生产力对原有的由传统公共行政学支撑的政府行政造成了巨大的冲击，使之需要在适应时代背景和生产力发展的前提下进行改革和转型升级。西方学者詹姆斯·N. 罗西瑙在其著作《没有政府的治理：世界政治中的秩序和变革》等书中将“治理”定义为“管理机制”。中国学者俞可平认为，治理应该最大限度地增进公共利益。治理理论适应了时代发展和公共行政的需要，强调公共管理不仅需要政府的参与，还需要其他主体的积极参与，吸收多元的力量和资源来妥善处理公共事务。

习近平总书记指出：“国家治理体系是在党领导下管理国家的制度体系，包括经济、政治、文化、社会、生态文明和党的建设等各领域体制机制、法律法规安排，也就是一整套紧密相连、相互协调的国家制度②。”治理理论要立足中国，就必须进行中国化的转型与实践，并与马克思主义思想中国化紧密结合。“国家治理能力现代化，本质上就是人民高效参与治理能力的现代化”③，

① 曾宇恒．“以人为本”视角下城市精细化管理研究［J］．美与时代（城市版），2022（1）：112-114.

② 习近平．习近平谈治国理政［M］．北京：外文出版社，2014：91.

③ 刘须宽．国家治理体系和治理能力现代化［M］．北京：人民日报出版社，2020：16.

治理理论在我国治理体系建设的实践过程中，可具体化为多种层级的形式。其中，社会治理和社区治理等模式对本文的研究可以起到很大的现实参照和理论支撑作用，在地方政府城市口袋公园建设方面，采用社会治理和社区治理的模式可以提高建设质量和服务水平。

社会治理是政府治理和国家治理的基础。其目的是通过多主体参与社会治理的各项活动，最终实现公共利益最大化和最优化的发展目标。在这里，需要对“社会治理”和“社会管理”进行辨析，后者的范围要大于前者，社会管理是对全社会的方方面面进行全面管理，而社会治理是对社会系统中的某一方面进行精准化的聚焦式治理，是要时刻发挥社会对某方面治理的积极作用，注重挖掘社会、市场、政府的良性互动关系，化解针对性的冲突，使包括居民、社会团体、第三方企业在内的多元社会主体更好地自觉参与到治理社会的过程中来。中国进入了一个新的发展阶段，新时代中国社会治理立意高远、内涵丰富，“党的全面领导是新时代中国社会治理理论的理论之基；改革创新驱动是新时代中国社会治理理论的理论之要；共建共治共享是新时代中国社会治理理论的理论之维”①。并且，社会治理可以进一步具体到城市社会治理，在城市口袋公园建设的过程中需要进行城市社会治理才能够兼顾绿色发展和以人为本，只有鼓励广大市民、社会组织和第三方评估单位在城市口袋公园建设中广泛参与，才是建设符合广大人民绿色发展利益的公园城市的题中应有之义。

社会治理不仅强调城市社会的治理，也强调基层社会的治理。在基层社会中，主要有乡村和社区两种形式。本文研究的对象是呼和浩特市城市口袋公园建设问题，城市口袋公园建设的一大类型就是城市社区的微环境改造与更新，在这类建设中需要融入社区治理模式。“社区建设是当代中国社会治理创新的起点和试验田”②，社区治理比社会治理更加重视社区居民这一主体的参与作用，城市社区微环境改造涉及社区建设与服务的相关环节，甚至在组织、策动社区居民主动参与城市口袋公园建设时需要对特定居民群体开展社区工作，使居民始终是城市口袋公园建设的主体之一。前文提到了城市精细化管理的概念，它延伸到社区，可以称为“社区微治理”。“社区微治理是社区治理精细化的表现，是居民应对社区问题进行自我参与、自我管理的过程，是基于党建引领的形式、以社区社会组织为依托进行志愿服务的治理方式③。”在城市口袋

① 马文祥，江源．新时代中国社会治理理论的三重逻辑：思想、理论、现实［J］．石河子大学学报（哲学社会科学版），2022，36（1）：6－11.

② 曹惠民．社区治理绩效损失：生成机理与矫正策略研究［J］．社会科学文摘，2022（3）：106－108.

③ 李昊．居民参与视角下社区微治理实践研究——以内蒙古乌海市永昌社区为个案［D］．呼和浩特：内蒙古大学，2021：1.

公园建设的社区微环境改造项目中可以利用社区微治理模式，通过对居民的参与、居民的建议、居民的访谈进行评估提升城市口袋公园建设的水平，在维护广大居民的利益的前提下，实现绿色发展和以人为本的城市口袋公园高质量建设目标。

2. 新公共服务理论

新公共服务理论是在新公共管理运动的进程中，在公共部门改革实践的基础上逐步发展起来的，此时，国际社会民主政治的内涵也在不断丰富和更新。这个理论的倡导者是登哈特夫妇，《新公共服务》是其主要学术成果，该理论强调提高公民参与政府管理各个方面的实际能力。新公共服务理论对中国政府治理的主要影响体现在服务型政府理念上。建设服务型政府要求政府始终以人民为中心，出台的公共政策要保障人民群众的根本利益，保证实现公共利益最大化。“服务型政府建设是新中国成立后第一场自下而上的政府改革和建设运动，发端于我国加入 WTO 前夕少数地方政府面临社会环境和利益需求变化而进行的自觉调适”[①]，与传统的官本位体系不同，更应该强调民本位，强调公民在政府治理活动中的主导地位。政府推出的公共服务要多主体参与，通过公共服务市场化，建设满足人民群众需求的服务型政府。“人民满意的服务型政府理论将人民满意作为服务型政府建设成效的衡量标准，实现了民主在政府过程中的全面嵌入[②]。”在城市口袋公园建设问题上，城市口袋公园建设项目可以看作一项政府面向人民的公共服务，建成的城市口袋公园则为公共产品，通过招投标渠道对第三方建设企业、评估企业以及物业管理企业进行主体拓展，通过鼓励和指导社会公众全过程参与，发挥市场对资源的积极分配作用，建设人民满意、绿色发展的城市口袋公园。

二、呼和浩特市城市口袋公园建设现状

（一）呼和浩特市城市口袋公园建设概况

1. 城市口袋公园建设典型案例

首先，翻开我国的公园建设史可以看到，成都地区拥有相对悠久的公园建设史，早在 1910 年，就建成了在当时广为人知的少城公园，地方政府通过公园管理加强对社会风气的控制与整顿，搭建起政府与民众之间的桥梁，官方和

① 刘翔．中国服务型政府构建研究——基于社会治理结构变迁的视角［D］．上海：复旦大学，2010：1.

② 孔繁斌，郑家昊．建设人民满意的服务型政府——中国共产党对行政体制理论的创新探索［J］．中国行政管理，2021（7）：22－29.

坊间以公园为平台开展社会互动，其中体现出城市治理现代化的萌芽。上海地区较早地引入了城市口袋公园概念，并在闵行区较早作出尝试。我国北方城市口袋公园建设普遍起步较晚，其提质提量的空间也非常广阔。

随着我国各大城市的城市口袋公园建设的进一步推进，呼和浩特市城市口袋公园建设也取得了相应的发展。正如呼和浩特市园林建设服务中心绿地管理科科长王晓敏同志所言："2021 年，首府生态园林重点工作以青城绿道网络体系建设、口袋公园改造提升为抓手，全面助力并推动'美丽青城、草原都市'建设，提升首府宜居水平。"在呼和浩特市政府门户网上，我们可以看到呼和浩特市 2021 年已经建成 75 个城市口袋公园。其中，经开区 2021 年财政总投资为 34 160 万元，口袋公园改造项目工程预算约为 71 万元，改造总面积为 7 100平方米，年度园林绿化养护费用 500 余万元；回民区 2022 年预计将建成 50 个口袋公园，总面积 7.2 万平方米，预计将投资 500 万元；2022 年赛罕区机场附近口袋公园和绿地建设项目预计投资 494 万多元。这些数据可以充分体现呼和浩特市政府大力建设城市口袋公园的初心、信心和决心，强大的财政拨款支持必将为口袋公园建设保驾护航，可以预见首府宜居水平将得到大幅度提升。呼和浩特市城市口袋公园具有景色优美、绿色环保的特征，在惠及当地人民群众文娱生活的同时，已经悄然成为一张宣传青城绿色文旅的新名片。

呼和浩特市市政管理部门以环保节约、循环利用为宗旨，开放二环快速路周边的封闭林道，对园林市政工程废弃物进行改造，使之成为便民惠民的城市口袋公园基础设施。例如敕勒川大街上的雅趣园，利用透水白沙等绿色市政工程技术，赋予口袋公园雨水积蓄的功能，使雨水花园与城市绿色廊道融为一体，为市民们晨练、休憩提供了舒适温馨的环境。

在呼和浩特市城市居民区微环境改造的城市口袋公园项目中，城市口袋公园不仅可为居民提供生态宜居环境，同时还凭借特殊的区位条件，为城市和社区在对外展示方面增添了立体风景线。例如在蒙鑫国际小区旁修建改造的口袋公园，艺术感很强，其中还体现了绿色市政的抗旱涵水的理念，已经成为社区中名副其实的生态花园，为小区的青少年们提供了更加安全舒适的游玩环境。此外，园中还设有立体花坛等园艺景观设施，增强了口袋公园的园林性和观赏性，令人流连忘返。

呼和浩特市已经建成专门针对学生群体的城市口袋公园，充满校园文化元素。例如南马路小学新华西街分校附近的"跳格子广场"和呼和浩特市第二中学如意分校对面的"孜园"，它们不仅有城市绿化作用，同时还有宣传教育功能，有利于让儿童潜移默化地学习环境保护知识，体现了科教价值和可持续发展理念，同时能够弘扬优秀的学风和校园人文精神，助力知识型社会文化氛围的形成。

2. 城市口袋公园文化氛围营造

从呼和浩特市总体园林绿地规划情况来看，“十四五”期间全市将建成 1 000 个城市口袋公园，2022 年核心区域预计建成 300 个城市口袋公园、300 公里城市绿道，当年全市生态园林建设项目总投资金额为 19.9 亿元。庞大的规划面积和有力的财政支撑有利于提升内蒙古自治区的人均园林绿地拥有面积，首府城市将带动其他盟市，共同搭上建设公园城市体系的绿色发展快车。绿色发展与以人为本有机结合的城市口袋公园，将在发挥生态宜居职能的前提下，依托方兴未艾的文创产品，助力有青城特色的绿色文旅产业链发展，确保“城市向绿色化、低碳化方向转变，品位和质量得到同步提升”①，从而进一步发展呼和浩特市绿色经济和循环经济体系。

在呼和浩特市城市口袋公园建设的过程中，衍生出了象征青城口袋公园文化的卡通吉祥物形象——呼小青。呼小青是一个儿童形象，城市口袋公园内有其标牌，卡通人物旁边还有蓝天白云、碧水青山等绿色环保元素，在话语气泡中，写有“口袋公园行动方案”“一见青芯”等字样，同时还配有呼和浩特市地图，星星点点地标示着现有城市口袋公园的地理坐标，体现出城市口袋公园在城市生态系统中发挥着细胞作用，维持城市的绿色和生态的本色，令生态环境可持续发展。在未来，要依托城市口袋公园建设推广绿色循环经济，“推动经济向高质量和高效能、绿色化方向发展”②，在祖国边疆地区稳固“绿色底色”、构筑绿色发展长城。

（二）呼和浩特市城市口袋公园建设现状的调查结果

1. 调查样本情况

本研究主要采用实地调查法和文献研究法，实地调研时，在呼和浩特市行政区划内，以呼和浩特市四区建设的城市口袋公园为研究对象，坚持用市民公众、政府部门、社会组织等多元视角看待口袋公园，调研时段覆盖早晨、中午、下午以及夜间，调研对象类型覆盖较为全面，共有效调研口袋公园 10 余个，其中具有代表性的口袋公园建设情况将通过表格来呈现。调研正值新冠感染疫情防控时期，鉴于疫情防控要求和相关精神，仅在安全的前提下与少量市民进行简单的口头访谈，了解公众对当前呼和浩特市城市口袋公园建设的认识以及游园心得、相关看法，已将有价值的访谈结果融入表格进行汇总。在调研过程中，及时对发现的问题和灵感进行拍照取证和书面记录，最终选取 5 个具有代表性的城市口袋公园开展系统的研究，对其现状进行呈现，归纳调研发现

① 包思勤．内蒙古发展报告（2020）[M]．呼和浩特：远方出版社，2021：196.

② 邢广程．中国边疆发展报告（2020—2021）[M]．北京：社会科学文献出版社，2021：147.

的问题，针对问题探析原因，并尝试提出可行的对策。

2. 调查基本信息

本次实地调研取得了一定的成果，对雅趣园、燕莎玫瑰园小区、蒙鑫国际小区、跳格子广场、孜园等有代表性的城市口袋公园建设成果进行了重点调研，将实地调研发现的直观问题与文献研究中提取到的有价值的信息结合起来通过表格进行呈现（表 1）。从治理理论和新公共服务理论的视角来看，城市口袋公园建设要鼓励居民参与，要在绿色发展的前提下建设让公众满意的城市口袋公园。总而言之，当前呼和浩特市城市口袋公园建设有很多的创新点，探索出了很多有价值的思路，但是，在城市口袋公园建设中有关市政管理部门没有统筹好绿色发展和服务于民之间的关系，缺乏城市精细化管理理念。

表 1　呼和浩特市城市口袋公园实地调研基本信息

名称（所在位置）	实地调研发现的直观缺陷	优势
雅趣园（赛罕区）	位置相对偏僻，游园市民较少	运用了透水白沙等绿色市政技术①
	照明、监控设施不完备，夜间游园缺乏安全感	雨水花园与城市绿色廊道融为一体
	建筑局部处理比较粗糙，影响整体观感	对园林市政工程废弃物进行了相应改造
	未进行垃圾分类	通过吉祥物对环保理念进行宣传
	网络信号不好，基础设施不足，没有盲道	为居民提供了一个简单的晨练休息场所
燕莎玫瑰园小区城市口袋公园（新城区）	导航定位坐标模糊，交通可达性差	整顿生活垃圾集散地，改善居民生活环境
	部分居民和交通服务行业从业者不认同	对铁路社区进行微环境改造，精细化治理社区
	此处为呼市城市口袋公园首创园，却缺乏知名度	由铁路工业遗址改造而成，具有文旅价值

① “绿色市政技术”指的是在城市口袋公园中设计水体景观、内部道路采用透水材料、建设与城市排污管网互联互通的联络管道、生态园艺建筑采用绿色屋顶等技术。对应的绿色市政工程需要通过先进的科学技术进行能源与资源的合理规划，除了应用各类环保材料、节能技术等，还需要辅以美化环境的绿色设计，建设真正意义上的生态工程。引自：荆永志．新型绿色市政工程造价预算与成本管控研究［J］．山西建筑，2018（44）：223－224.

（续）

名称（所在位置）	实地调研发现的直观缺陷	优势
蒙鑫国际小区社区改造城市口袋公园（新城区）	没有盲道，对社区内特殊居民群体缺乏关怀	造园的艺术感强，审美佳
	未对机（电）动车进行通行限制，有安全隐患	运用了透水白沙等绿色市政技术
	部分绿植杂乱/稀疏，缺乏园林维护	区域人居环境和休闲健身环境良好
	照明、监控不完备，夜间游园缺乏安全感	与青城驿站、社区图书馆融为一体
跳格子广场（回民区）	园内人员流动量大，环境维护同步性缺乏	充满校园文化创新元素
	在校园周边，却缺乏维持秩序的志愿者	拥有园艺、科普、绿化、教育多元功能
	便民基础设施建设相对薄弱	为学生家长提供了休息和交流的场所
孜园（赛罕区—如意开发区）	基础设施上的装饰破（污）损，无人维护	利用基础设施装饰传播历史文化
	校史宣传手法单一，缺乏智慧平台建设	弘扬呼市二中历史
	未能着重使用绿色市政施工技术	营造学习型社会和知识型社会氛围
	园艺绿化比例略显失调	吉祥物设置、园艺亮化有美感

三、呼和浩特市城市口袋公园建设存在的问题

（一）“千园一面”的问题

呼和浩特市城市口袋公园如同雨后春笋般增加，通过开展具体的游园调研可以感受到，虽然口袋公园的主体功能被人为划分成城市旧社区改造、城市景观绿色廊道、校园文化精神再塑造等类型，但是依旧存在一定的同质化现象。每一个城市都拥有自己专属的生态风貌和人文底蕴，呼和浩特市位于亮丽北疆内蒙古，处在阴山脚下的土默川平原，内蒙古自治区的主体景观是草原，呼和浩特则在大青山环抱之下，可以说是拥有草原游牧文化、森林文化、红色文化、蒙元文化、塞外丝路文化、乳品文化复合的城市文化，同时对边疆地区的社会文化具有一定的辐射带动作用。但是在已建成的城市口袋公园当中，尚未

出现能够有效表达出复合型青城文化的公园。目前人们认为绿色只能与环保景观挂钩，却忽略了绿色的人文环境同样是绿色的有机组成部分。

（二）对景观没有做到创造与改造相结合

通过呼和浩特市政府门户网站可以了解到呼和浩特市城市口袋公园建设的情况，目前存在片面强调口袋公园建设的速度和总体数量等问题，缺乏一套科学的景观评价体系。城市口袋公园建设极易出现“唯数量指标最优”的现象，因此，在开展城市口袋公园景观评价活动时，“宜采用‘景’‘观’并重的量化综合法，将专家、公众的定性分析与利用数学方法的定量分析相结合，对定性指标进行评价，有助于建立较为全面、科学的评价指标体系”①。

在呼和浩特市城市口袋公园建设过程中，各个城市口袋公园对其场地原有的景观进行改造时会呈现力度差异、方法差异、结果差异等。市政管理部门对于城市口袋公园的定位相对模糊，已经建成的城市口袋公园事实上不可以简单等同为传统的城市公园，这是一种基于绿色发展、以人为本思路建设出来的新型城市生态公园。在景观改造的过程当中，已建成的城市口袋公园在对场地原有自然植被或人造建筑进行改造利用时往往存在全盘改造或全盘拆除的问题，这会打破场地内原有的美学平衡和景观布局，有关市政管理部门大多尚未从“城市景观生态空间构建”的高度来统筹城市口袋公园的建设，使得现有的城市口袋公园无法与公园城市体系进行良好的衔接，造成城市土地资源的二次浪费。要“将‘生态—空间格局’作为重心，以可持续性为理念，建立和谐共生、传承文化以及可持续发展的城市景观生态环境，建立合理的生态空间格局，以此推动以人为本的自然—经济—社会复合系统协调、稳定发展，从而建立起城市景观设计的生态价值体系”②；在城市口袋公园的建设过程中，要按照生态价值体系的要求去科学改造景观，如此才能够更深层次地将绿色发展理念与以人为本的服务理念有机结合。

（三）基础设施不够人性化

绝大部分城市口袋公园缺乏便民的基础设施，譬如：在城市口袋公园中几乎没有铺设无障碍通道（盲道）等，缺乏对特殊人士的人文包容；缺乏供市民休憩的长椅、凉亭等服务性设施；只有极少数放置了标准的四色专用垃圾分类

① 曾李帼，刘纯青，冯莹，等．口袋公园景观评价体系构建研究［J］．福建工程学院学报，2020（3）：300－306．

② 魏欣欣．基于可持续发展理念的城市景观生态空间构建［J］．理论研究，2019（1）：178－179．

容器；夜间照明条件亟待改善；应急取水、公厕配置、安全监控等方面需要加强。很多城市口袋公园地址选在城市外围绿色廊道上且远离居民区，在这里精心建设，人们需要专程前往；地址选在城市社区周边的城市口袋公园往往是将原有的荒地改造成绿地，基础便民设施相对完善，但是在绿色市政工程的施工选材、远景生态效用上重视不够。在城市口袋公园建设的过程中，社会公众参与不足，公众是城市口袋公园的最终受益者，口袋公园的规划方案应通过宣传或展览的形式展示给公众并广泛征求公众的意见，在建设理念上满足公众和生态的两重需要。

四、呼和浩特市城市口袋公园建设问题产生的原因

根据上文提到的呼和浩特市城市口袋公园建设存在的问题，本文从行政管理、市政管理专业角度，利用治理理论和新公共服务等理论深入分析，寻找问题的根源，主要归纳提炼出如下可能的原因：

（一）缺乏本土化建设思路

城市口袋公园的实际建设过程是口袋公园建设的关键环节。由于多方面的原因，目前呼和浩特市城市口袋公园建设水平需要加强，主要可以从下面几个方面考虑和反思：

1. 规划水平较低

市政管理部门过于注重城市口袋公园的数量，要与其他建设口袋公园的大中型城市持平甚至是赶超。口袋公园建设时与周边功能区的有关职能缺乏配合，没有考虑到所在社区及周边城市功能区的整体性问题。口袋公园前期规划存在漏洞，后期建设没有考虑到市民的全过程参与，建设出的城市口袋公园没有在规划用地的属性和实际利用价值上达到平衡，从而未能实现精细化管理。

2. 创新能力不足

在城市口袋公园建设方面，存在工程水平落后、创新能力不足的问题。在创新能力方面，相关建设部门和设计团队没有认识到城市口袋公园最终面向的群体是市民、游客。市民需要其具备实用性，游客则需要其具备观赏性。有关部门并不重视固定景观与可移动景观的比例构成关系，适当建设可移动景观可以体现一定时期下城市口袋公园所承担的特殊宣传任务。在工程水平方面，城市口袋公园基础设施建设存在形式主义现象，只顾面子，对工程废料的处理、对口袋公园后期的日常维护缺乏系统的规划，缺乏专业的第三方评估机制。

（二）参与主体单一

从上面的问题可以看出，除了建设水平不佳之外，参与主体单一也是呼和浩特市城市口袋公园建设存在问题的原因之一，具体可以反思的方面包括：

1. 缺失有力的社会参与

根据呼和浩特市政务公开系统及新媒体平台公布的信息来看，目前城市口袋公园建设项目主要由政府主导。从新公共服务理论的视角来看，有关部门未能明确城市口袋公园的公共产品性质，没有在建设过程中广泛吸纳多元主体。而国内其他城市已经有在建设过程中引入多元主体全过程参与并细化分工的案例，应当及时学习借鉴，从而建设有地方特色的城市口袋公园。

2. 缺乏有效的居民参与

根据相关实地调研可以发现，大部分城市口袋公园建设不符合社区治理理念，几乎没有居民的参与和建言献策。在社区周边建设的城市口袋公园，大多按照已经设计好的图纸进行施工，居民是被动接受的，没有实际参与进去，以至于项目建成后很多居民都没有意识到某处有一个崭新的城市口袋公园。

（三）制度和法律法规保障薄弱

除了建设水平亟待改善、建设参与主体单一之外，当前口袋公园的相关制度保障以及法律法规建设相对薄弱也是呼和浩特市城市口袋公园建设存在问题的深层次原因之一，具体主要有如下几方面的因素：

1. 机构职能整合不到位

当前，规划、建设以及后期管理城市口袋公园的机构众多，如园林绿化、市政、城管、建设、环保等部门，职能存在一定的交叉和融合，这样可能导致资金、人员等生产要素不能够第一时间投放到一线，从而产生行政效率方面的问题；并且，建设城市口袋公园需要一大批不同门类的人才，涉及政府管理、市政管理、风景园林、景观建筑甚至是行政法专业，还需要对一线施工队伍、后期养护队伍开展专业培训。如果没有一个专门的机构整合各方职能，组织牵头进行人才吸纳和团队培训，对城市口袋公园建设的健康良性发展是极为不利的。

2. 监督与反馈渠道不够畅通

根据现场调研时对市民的随机简单访谈可以发现，社区内的居民们不仅没有很好地参与到城市口袋公园的建设中去，而且对口袋公园建设提出的意见和建议也不能够及时被有关部门接收、反馈。这就体现了监督与反馈渠道的不畅通，减缓了民意上传到政府部门的速度，弱化了市民对政府出台城市口袋公园建设相关政策和法律法规的监督力度，政策偏差无法得到有效的纠正，这会影响城市口袋公园建设的实用性和合理性，可能会使其流于形式。此外，政策和法律法规本身也需要进一步强化，保障口袋公园有序建设。

（四）城市建设视野狭窄

除了制度和法律法规保障相对薄弱之外，还有一大原因可能会被忽略，那就是城市建设视野滞后和狭窄，这势必会使口袋公园建设质量大打折扣。

1. 没有融合智慧城市建设理念

如今，智慧城市建设如火如荼，各方面的数据库都在建设和完善的过程中，但是当前的城市口袋公园建设却没有及时和智慧城市设施接轨。调研过程中，没有发现相关的设施标识，偏远的口袋公园甚至无法保障基础通信质量。通过口袋公园建设来夯实公园城市体系的过程与智慧城市建设并不冲突，二者反而可以取长补短，智慧城市建设可以提升口袋公园建设的科技含量。

2. 生态海绵城市建设理念落实层面过浅

当前有部分口袋公园使用了先进的绿色市政工程技术，进而在适应环境变化方面具备良好的弹性。但是，仅仅会使用绿色市政工程技术还是不够的，绿色市政工程技术种类繁多，有相应的针对性，需要对其开展更深入的研究。呼和浩特市城市内涝严重，口袋公园建设得当就能发挥蓄水涵水的弹性功能，统筹水资源和绿地资源。还有很多海绵城市的理念可以用在城市口袋公园建设领域，需要相关部门长期研究，并通过实践去检验，进而使城市口袋公园建设在夯实公园城市体系的基础上，增加城市内涝治理功能，更好地践行绿色发展和以人为本的建设理念。

五、改善呼和浩特市城市口袋公园建设水平的对策

从治理理论和新公共服务理论的视角来看，要想推动城市口袋公园建设的可持续发展，有关部门应该积极引导和鼓励公民参与到城市口袋公园的建设过程中。构建绿色发展与服务于民的良性互动关系，科学规范市民参与城市口袋公园建设的程序和渠道，加强对公众权益的保障，最终实现公共利益最大化，建设出环境友好、人民满意的城市口袋公园。

（一）注入地方文化特色

通过对呼和浩特市城市口袋公园建设现状的分析，可以看出城市口袋公园建设中的首要问题是本土化和微环境的整合问题。这就需要对呼和浩特市的城

市文化特色进行研究，在城市口袋公园中注入文化血液。

1. 与周边微生态环境融为一体

城市口袋公园建设要做到与周边的微环境融为一体。这需要做好环境适应性调研工作，在特定场所区域内建设的城市口袋公园需要与造园元素和社区微环境相配套。要站在城市整体规划的高度上去看待这个问题，城市口袋公园建设前要做好调研评估和意见采集工作，城市口袋公园建设虽然属于人工改造，但是要做到与周边建筑、环境毫不违和，要符合长远的城市规划要求，成为城市规划的有机组成部分。

2. 修建有青城特色的口袋公园

呼和浩特市要建设有青城城市文化特色的口袋公园。在景区建设的城市口袋公园要体现呼和浩特的建城史和城建历程，成为旅游景点的有效延伸和得力补充；在社区建设的城市口袋公园要体现出党群关系和坊间邻里关系；在城市原有绿化区域建设的城市口袋公园要利用绿色市政工程技术和园林设计思路，做出文化特色。总之，城市口袋公园建设要注重对文化氛围的营造，依托景观载体构建系统的文化空间；“注重人与文化景观的双向互动，实现地方文化元素的全面渗透”①。要扎根呼和浩特市历史文化底蕴，立足绿色发展理念，在基础设施建设上以人为本，体现城市的人文温度和服务为民的宗旨，使城市口袋公园成为人民满意的精品工程。

要逐步形成青城城市口袋公园文化，以吉祥物“呼小青”的形象为先导，生产文创产品，制作高品质的宣传片，利用互联网做好对外宣传工作，打造文旅品牌。通过城市口袋公园建设来提升城市文旅知名度，打造青城文旅新名片。

（二）鼓励多种社会主体协同参与

居民参与城市口袋公园建设是一种双向互动，关系到公众与政府双方的努力和协同。

1. 开展创新主体建设模式整合试点

从新公共服务理论来看，呼和浩特市市政管理部门应当尝试发挥多元主体在城市口袋公园建设中的主观能动性，从市政管理部门“一肩挑”转为引入社会资本，走协同建设之路。在建设城市口袋公园时开展 PPP（政府和社会资本合作）模式试点工作，切实提高城市口袋公园的生态性和宜居性，同时使城市口袋公园建设充满积极性和活力。呼和浩特市市政管理部门需要积极作为，

① 闫小满，赵弼皇，周逢旭．地方文化因素在城市口袋公园设计中的表达——以巢湖市伴园为例［J］．长沙大学学报，2020（3）：59－62，74.

可以开展“PPP＋EOD[①]”融合模式试点工作，运用PPP模式有利于加速推进基础设施产业化和公共服务市场化进程，PPP强调的可持续发展理念和EOD倡导的创新绿色生态经济发展思路能够作用于城市口袋公园建设，应当开展政企合作。

2. 动员社区居民参与口袋公园建设

从社区治理模式来看，城市口袋公园的建设应立足于社区，鼓励居民参与。要通过城市口袋公园建设的相关宣传，策动社区内的居民踊跃参与。城市口袋公园的建设方案也需要公开征求公众的意见，最终要形成符合区域内居民的意愿和社区的精神文化特色的城市口袋公园建设计划。

（三）加强制度保障，完善相关法规和政策

呼和浩特市地方政府应当结合现行城市口袋公园建设情况，咨询相关高校和科研机构的专家学者，召开听证会、运用“互联网＋”平台广泛收集民意信息，尽快出台《呼和浩特市城市口袋公园建设暂行管理条例（办法）》等制度，并通过相应的公共政策去落实推行。研究并出台一套相对完备的、符合现行发展水平的城市口袋公园景观评价体系和生态城市景观改造评估体系，根据相关标准，对城市口袋公园进行科学、严谨的评价，实现口袋公园精细化管理的目标。

1. 设立专门的建设管理机构

呼和浩特市应当挂牌成立专门的建设管理机构，整合市政、规划、园林、建设、环保、城管等部门的职能，提高行政效率；设立专门的指挥部还有利于合理配置、精准统筹用于城市口袋公园建设的各种生产要素和财政资金，为城市口袋公园的建设提供长效保障。同时，依托专门的机构可以做好相关培训工作，提高政策执行各环节人员的业务素质水平，吸收优秀人才，及时转化利用先进理念，确保城市口袋公园建设实现精细化管理。

2. 拓宽政务监督渠道

呼和浩特市政府应当将城市口袋公园建设的各环节情况及时在政府门户网站和融媒体平台进行公开，在市政服务热线中开设口袋公园建设民意调研模块，方便市民对政务进行监督和了解；在出台相应条例、规章的过程中要开办线上线下相结合的市民听证会，邀请呼市各高校政府管理、园林绿化等专业的专家学者到场，对相应环节进行监督并提出专业建议，从而提高政策质量，完

① “EOD理念初创于绿色办公领域，这里特指生态城市发展理念；EOD模式使公园与工业不再支离破碎，在公园中融合出经济高地，在协调下创新出城市增长极。”引自：罗勇．EOD与公园城市构建［J］．先锋智库，2019（9）：21－23.

善规章内容，保障城市口袋公园建设有序进行。

呼和浩特市政府应将城市口袋公园建设情况纳入政府绩效评价指标体系，推动建设和改革，提高城市口袋公园的精准管理水平。呼和浩特市政府应当积极作为，尽快在新的政府绩效计划中为城市口袋公园建设留出指标，并公开绩效评价结果，自觉接受社会监督，鼓励城镇居民建言献策，以评估效能推动城市口袋公园建设提质提量。

（四）引入城市精细化管理理念

呼和浩特市在建设城市口袋公园的过程中，缺乏精细化管理理念，要将精细化管理理念拓展到城市口袋公园建设领域。

1. 加强基础设施建设，融合智慧城市建设

随着“互联网＋”的推广，全国各地都在推进智慧城市平台建设。呼和浩特市政府高度重视智慧城建，专门成立了呼和浩特市大数据管理局，全面加强智慧城市建设顶层设计，大力推进智慧首府、惠民青城等规划发展项目，将智慧城市理念融于区域城市群整体发展之中。智慧城市的建设宗旨——“云聚青城，数联天下”具有鲜明的特色，体现了呼和浩特市政府在智慧城市建设中的高远的眼界与博大的胸怀。

市政管理部门应当强化基础设施配备，如夜间照明、全天监控、应急水电等基础设施，改善城郊口袋公园网络环境；在内部道路中设置盲道，增强城市人文关怀；条件允许的城市口袋公园还应当为市民修建公共卫生间；利用社区治理理念，试点开展养老、联谊等社会服务，开辟社区工作园地、社区党建学习角等服务性场所。此外，要将城市口袋公园中的雨水存储、能源再利用技术接入智慧城市平台；在城郊口袋公园建立交通接驳点，完善已建成的城市口袋公园的导航位置上传等工作。为全面建设智慧城市、公园城市体系打下基础，进一步实现城市口袋公园精细化管理目标。

2. 落实生态工程建设，助力构建海绵城市

呼和浩特市近年来城市内涝严重，城市口袋公园应当具备海绵特征，要在城市口袋公园中设计水体景观、内部道路采用透水材料、建设与城市排污管网互联互通的联络管道、生态园艺建筑采用绿色屋顶等，建设绿色市政工程需要通过先进的科学技术进行能源与资源的合理规划，除了应用各类环保材料、节能技术等，还需要辅以“美化环境的绿色设计，建设真正意义上的生态工程”①。对应的评价标准要有绿色、创新、环保等关键评价指标，最终对生态环境负起社会责任。精细化、精准化借助绿色市政工程建设城市口

① 荆永志．新型绿色市政工程造价预算与成本管控研究［J］．山西建筑，2018（44）：223－224．

袋公园，与构建公园城市体系做好必要衔接，做到生态性和宜居性的有机统一。

六、结语

本文主要对呼和浩特市城市口袋公园建设问题开展了探索性研究，主要的创新点是以呼和浩特市为例开展研究，主要利用实地调研和文献研究方法，从市民的角度设身处地研究当前存在的问题，探寻问题背后的原因，并尝试提出行之有效的对策。本文的不足在于仅仅选取呼和浩特市城市口袋公园建设作为研究对象。此外，在建设公园城市体系的过程中，除了高质量建设城市口袋公园之外，还包括其他的公园建设类别，本文没有进行研究。

本文主要依托行政管理本科专业基础开展浅显的研究，因知识水平和写作水平以及诸多客观条件（如新冠感染疫情）的制约，无法展开系统的高水平研究，研究模式不够系统严谨。文章论述相对薄弱，许多分析和对策的合理性有待通过实践去进一步验证。以上主观限制性因素需要通过日后的学习深造或工作经验的积累逐渐克服。

参考文献

包思勤，2021. 内蒙古发展报告（2020）[M]. 呼和浩特：远方出版社.

曹惠民，2022. 社区治理绩效损失：生成机理与矫正策略研究 [J]. 社会科学文摘（3）：106-108.

陈宇鹏，2018. 基于新公共管理理论背景下我国政府绩效评估研究 [J]. 现代经济信息（4）：71.

范玉刚，2018. 提升文化创意力，彰显公园城市的人文价值 [N]. 成都日报，11-21.

葛舒眉，2012. 浅析城市口袋公园建设的意义及规划设计 [J]. 江西农业学报（3）：18-22.

胡琦，2015. 城市口袋公园建设的意义及规划设计 [J]. 中国市场（26）：78-79.

蒋建清，缪子梅，2022. 生态文明绿皮书：中国特色生态文明建设报告（2022）[M]. 北京：社会科学文献出版社.

荆永志，2018. 新型绿色市政工程造价预算与成本管控研究 [J]. 山西建筑（44）：223-224.

孔繁斌，郑家昊，2021. 建设人民满意的服务型政府——中国共产党对行政体制理论的创新探索 [J]. 中国行政管理（7）：22-29.

李昊，2021. 居民参与视角下社区微治理实践研究——以内蒙古乌海市永昌社区为个案

[D]. 呼和浩特：内蒙古大学.

连玉明，朱颖慧，2017. 贵阳城市创新发展报告 No.2 观山湖篇 [M]. 北京：社会科学文献出版社.

梁乐，2022. 以精细化管理提升城市品质 [N]. 乌鲁木齐晚报（汉），01-11（A05）.

刘少坤，2021. 内蒙古基本公共服务研究报告（1978—2020）[M]. 北京：社会科学文献出版社.

刘翔，2010. 中国服务型政府构建研究——基于社会治理结构变迁的视角 [D]. 上海：复旦大学.

刘须宽，2020. 国家治理体系和治理能力现代化 [M]. 北京：人民日报出版社.

陆军，2021. 中国城市精细化管理研究 [M]. 北京：科学出版社.

罗勇，2019. EOD 与公园城市构建 [J]. 先锋智库（9）：21-23.

马文祥，江源，2022. 新时代中国社会治理理论的三重逻辑：思想、理论、现实 [J]. 石河子大学学报（哲学社会科学版）（1）：6-11.

潘家华，陈蛇，2020. 公园城市发展报告（2020）：发展新范式 [M]. 北京：社会科学文献出版社.

潘家华，姚凯，2021. 公园城市发展报告（2021）：迈向碳中和的城市解决方案 [M]. 北京：社会科学文献出版社.

史云贵，刘晴，2019. 公园城市：内涵、逻辑与绿色治理路径 [J]. 中国人民大学学报（5）：48-56.

宋若尘，张向宁，2018. 口袋公园在城市旧社区公共空间微更新中的应用策略研究 [J]. 景观园林（11）：139-141.

苏文，王哈图，2020. 内蒙古公共服务发展报告（1949—2019）[M]. 呼和浩特：远方出版社.

魏欣欣，2019. 基于可持续发展理念的城市景观生态空间构建 [J]. 理论研究（1）：178-179.

习近平，2014. 习近平谈治国理政 [M]. 北京：外文出版社.

邢广程，2021. 中国边疆发展报告（2020—2021）[M]. 北京：社会科学文献出版社.

徐勇，高秉雄，2018. 地方政府学 [M]. 2 版. 北京：高等教育出版社.

闫小满，赵弼皇，周逢旭，2020. 地方文化因素在城市口袋公园设计中的表达——以巢湖市伴园为例 [J]. 长沙大学学报（3）：59-62，74.

杨宏山，2015. 市政管理学 [M]. 4 版. 北京：中国人民大学出版社.

叶胥，武优勐，毛中根，2019. 习近平关于城市发展的重要论述及实践探析——以成都建设公园城市为例 [J]. 邓小平研究（6）：95-104.

曾李帼，刘纯青，冯莹，等，2020. 口袋公园景观评价体系构建研究 [J]. 福建工程学院学报（3）：300-306.

曾宇恒，2022. "以人为本"视角下城市精细化管理研究 [J]. 美与时代（城市版）（1）：112-114.

张翼强，熊祎玮，2019. 我国新型污水处理厂的绿色市政理念实践应用 [J]. 智能环保

(19)：129-130.

中共内蒙古自治区委员会党史和文献研究室，2021. 中国共产党内蒙古历史第一卷(1921—1949)[M]. 北京：中共党史出版社.

中共中央党校（国家行政学院），2020. 习近平新时代中国特色社会主义思想基本问题[M]. 北京：人民出版社，中共中央党校出版社.

后记

其实落笔这篇后记是满带着歉意的，既是对充满期待的团队的道歉，也是对未能完成上级任务的道歉，更是对出版社编辑付出辛苦劳动的道歉。原本想借内蒙古农业大学建校70周年的契机，带领团队的伙伴们撰写一部关于县域治理与牧区振兴的研究报告，研究标的和基本框架已经确定，哪知反反复复的新冠感染疫情打乱了所有设想，调研无法成行，无实际资料支撑的“成果”无异于空中楼阁，无奈只能暂时搁浅，甚是遗憾，只待云开月明之时再来弥补吧！

内蒙古农业大学的行政管理专业始设于1999年，开创了内蒙古行政管理专业本科教育的先河。一群有志于民族地方行政管理研究的年轻学者咸聚于此，多年来在完成繁重的教学工作任务的同时，潜心钻研，围绕民族地方行政管理这一主题，完成了多项国家社科基金、自治区社科基金课题，产出了一系列具有理论和现实意义的代表性成果。本论文集为突出研究主题，撷取了数位老师近几年公开发表和未发表的部分学术论文以及本科生的优秀毕业论文，分列内蒙古生态文明建设、基层公共治理、基层公共服务三个板块。论文收录时经过原作者的细致修改和选编者的统一完善，既保证了论文的原始面貌，又体现了最新的理论成果，以一种全新的状态展现在读者面前。

行政管理实践丰富多彩，行政管理研究博大精深。对于民族区域自治地方而言，因行政环境的特殊性，必须坚持在中华民族共同体意识的指引之下，通过理论研究和实践推动，实现经济社会和谐发展进步，这是我们义不容辞的义务和责任。

本论文集虽精挑细选，反复推敲，但瑕疵仍存，恳请读者批评指正。

张建新

2022年11月11日

图书在版编目（CIP）数据

基层公共治理实践与创新 / 张建新等著. —北京：
中国农业出版社，2023.5
（生态安全与社会治理丛书 / 张银花，李金华主编
）
ISBN 978-7-109-30650-9

Ⅰ.①基… Ⅱ.①张… Ⅲ.①地方政府—行政管理—
中国—文集 Ⅳ.①D625-53

中国国家版本馆 CIP 数据核字（2023）第 070806 号

中国农业出版社出版
地址：北京市朝阳区麦子店街 18 号楼
邮编：100125
责任编辑：潘洪洋
版式设计：王 晨 责任校对：周丽芳
印刷：三河市国英印务有限公司
版次：2023 年 5 月第 1 版
印次：2023 年 5 月河北第 1 次印刷
发行：新华书店北京发行所
开本：700mm×1000mm 1/16
印张：11
字数：200 千字
定价：68.00 元
